Hugo Graf

Romanische Alterthümer des bayerischen Nationalmuseums

Hugo Graf

Romanische Alterthümer des bayerischen Nationalmuseums

ISBN/EAN: 9783743497375

Hergestellt in Europa, USA, Kanada, Australien, Japan

Cover: Foto ©ninafisch / pixelio.de

Weitere Bücher finden Sie auf **www.hansebooks.com**

Im Verlage der M. Rieger'schen Universitäts-Buchhandlung in München (Gustav Himmer, k. b. Hoflieferant) sind gleichfalls erschienen:

Kataloge des Bayerischen Nationalmuseums.

I. Band.

Katalog
der
Bücher-Sammlung.

Von

Jos. A. Mayer,

Bibliothekar und Sekretär des bayerischen Nationalmuseums.

1887. 10 Bogen in klein 4°. Preis ℳ 2.—

II. Band.

Abbildungen und Handzeichnungen

zur

Kultur- und Kunstgeschichte Bayerns.

Von

Jos. A. Mayer,

Bibliothekar und Sekretär des bayerischen Nationalmuseums.

1887. 10 Bogen in klein 4°. Preis ℳ 2.—.

Aus dem wissenschaftlichen und künstlerischen Leben Bayerns.

Von

Dr. Ludwig Trost,

k. b. Legationsrat.

Preis 3 ℳ, in Halbleinbd. 4 ℳ

Inhalt: I. Die Pflege der Geschichte durch die Wittelsbacher. — II. Der bayerische Schatz. — III. Zur Geschichte der den historischen Fresken in den Münchener Hofgarten-Arkaden beigesetzten Aufschriften. — IV. Die Grundsteinlegung der Allerheiligenhofkirche in München. — V. Drei Briefe des Joseph Frhrn. v. Hormayr zu Hortenburg an den König Maximilian II. von Bayern. — VI. Aus dem Leben des Königs Maximilian II. von Bayern.

Les Petits Maîtres Allemands.

I.

Barthélemy et Hans Sebald Beham.

Von

Ed. Aumüller.

1880. Mit Monogrammen und Holzschnitten. 96 Seiten in 8°. Preis ℳ 12. .

Kataloge

des

Bayerischen Nationalmuseums.

Fünfter Band.

Allgemeine kulturgeschichtliche Sammlungen.

Das Mittelalter.

I. Romanische Alterthümer.

Von

Dr. Hugo Graf,

Kgl. I. Conservator am bayer. Nationalmuseum.

Mit 112 Abbildungen in Lichtdruck auf 15 Tafeln.

— ⚜ —

M. Rieger'sche Universitäts- Buchhandlung in München.

(Gustav Himmer k. b. Hoflieferant.)

1890.

Im Jahre 1887 erschienen die zwei ersten Bände der Kataloge des bayerischen Nationalmuseums, von welchen der erste die Bücher=Sammlung, der zweite die Sammlung der Abbildungen und Handzeichnungen zur Kultur= und Kunstgeschichte Bayerns umfaßt. *) Der dritte Band, der die übrigen Theile unserer beiläufig 30,000 Nummern füllenden Graphischen Mappen enthalten soll, wird im Laufe des nächsten Jahres erscheinen. Diese drei Bände, von dem II. Konservator Josef Aloys Ma y e r verfaßt, führen uns in die Arbeitsräume des Museums, in die Bibliothek und den Kopirsaal, sie orientiren über die Hülfsmittel des wissenschaftlichen, künstlerischen und kunstgewerblichen Studiums, welche hier jedem Lernbegierigen zu Gebote stehen.

Vom vierten Bande ab beginnen die Kataloge der in den Ausstellungsräumen aufgestellten großartigen Sammlungen.

Diese Sammlungen selbst zerfallen in zwei Hauptgruppen, die gleichsam zwei vollständige Museen nebeneinander bilden und doch vielfach ineinander übergreifen: d i e a l l g e m e i n e n k u l t u r g e s c h i c h t l i c h e n S a m m l u n g e n und d i e f a c h = f a m m l u n g e n.

Die ersteren (in 31 Sälen, den Vorhallen, dem Treppenhause und dem Garten) haben die Aufgabe, ein anschauliches Kulturbild der Jahrhunderte unserer vaterländischen Geschichte zu geben, soweit es sich dem Auge darstellt in Kunstwerken und in mannig= faltigsten Alterthümern des öffentlichen und häuslichen Lebens. Monumentale Werke reihen sich hier an Gegenstände des täglichen Gebrauchs, Erinnerungen an historische Persönlichkeiten wechseln mit Sittenbildern und selbst eigentliche Kuriositäten und Raritäten sind nicht ausgeschlossen. Die geschichtlichen Perioden sind in der Reihen= folge der Säle genau festgehalten, die Gegenstände innerhalb eines Saales sodann aber weniger nach Gattungen systematisch geordnet als zu einem malerischen Ganzen gruppirt. Diesem künstlerischen Gesammtbild ist schon durch den wechselnden architek= tonischen Stil und die Dekoration der einzelnen Säle des Erdgeschosses und des zweiten Stockes ein sprechender zeitgeschichtlicher Hintergrund gegeben. So war die Anlage und Vertheilung der „Kulturgeschichtlichen Sammlungen" schon durch den Bau des Hauses vorbedingt.

Ein anderes Ziel verfolgen die „fachsammlungen" (in 38 Sälen aufgestellt). Sie gliedern sich nicht wie die kulturgeschichtlichen nach Epochen, sondern nach Gattungen,

---

*) München, Rieger'sche Universitätsbuchhandlung. 1887.

sowohl des Gebrauches: Trachten, Waffen, Schmuck 2c., wie der Technik: Webekunst, Schmiedekunst, Metallgießerei, Töpferei, Glas- und Porzellanfabrikation 2c. Diese einzelnen Abtheilungen sind dann aber wieder in sich, soweit es anging, chronologisch geordnet.

Die Doppelgestalt unseres Museums hat ihre Reize und Vorzüge, sie hat auch ihre Schattenseiten. Allein sie ist nun einmal mit der ganzen Entstehungsgeschichte der Anstalt unlösbar verknüpft und hat nicht wenig dazu beigetragen, dem bayerischen Nationalmuseum zu seinem vielgestaltigen Reichthum zu verhelfen.

Bei dem Grundplan unserer Kataloge mußten wir dieser zwiefachen Gliederung unserer Sammlungen folgen. Und so theilen sich denn auch unsere Sammlungskataloge in die geschilderten zwei großen Gruppen der allgemeinen kulturgeschichtlichen und der Fachsammlungen. Sie werden aber durch stete Hinweisungen auf verwandte Gegenstände, die man ebenso gut bei der einen, wie bei der anderen Gruppe suchen könnte, das Auffinden wesentlich erleichtern.

Die Nummerirung der Bände unserer Kataloge ist eine durchlaufende. Allein jeder Band ist ein selbständiges Ganzes. Der Umfang der einzelnen Bände wird je nach der wechselnden Masse des gleichartigen Stoffes ein sehr ungleicher sein; die einzelnen Bände werden gesondert verkauft.

Der vorläufige Plan für unsere sämmtlichen Kataloge ist folgender:

A.

1. Band: Bibliothek.
2. Band: Graphische Blätter zur bayerischen Geschichte.
3. Band: Graphische Blätter zur allgemeinen Kulturgeschichte.

B. Kulturgeschichtliche Sammlungen.

4. Band: Urgeschichtliche Periode mit Einschluß der römischen Alterthümer.
5. Band: Romanische Periode.
6. und 7. Band: Gothische Periode.
8. und 9. Band: Vom Beginn der Renaissance bis in's 19. Jahrhundert.

C. Fachsammlungen.

10. Band: Werke der Schmiedekunst und des Metallgusses.
11. Band: Rüstungen, Waffen und Trachten.
12. Band: Webekunst und Verwandtes.
13. Band: Töpferei, Porzellan- und Glasfabrikation.
14. Band: Siegel, Münzen und Medaillen.
15. und 16. Band: Kleinere Gruppen verschiedener Gattungen: Holzornamente und Modelle, Musikinstrumente, Spielkarten, Büchereinbände, Werke der Kleinkunst mannigfacher Art.

Die Veröffentlichung der einzelnen Bände wird sich nicht streng an diese Reihen=
folge halten, wie wir ja auch den 5. Band bereits hiermit vorlegen, während der 3.
und 4. Band erst im nächsten Jahre erscheinen wird. Die Katalogisirungsarbeiten sind
aber für den größeren Theil des Museums schon so weit vorgeschritten, daß die vollendete
Herausgabe sämmtlicher Kataloge in 10—12 Jahren erwartet werden darf. Wird als=
dann das gesammte Katalogwerk, mit Abbildungen jeglicher Art auf's reichste aus=
gestattet, vorliegen, dann wird die künstlerische und wissenschaftliche Welt erst vollauf
inne werden, welche Schätze in dieser großartigen Stiftung des unvergeßlichen Königs
Maximilian II. von Bayern zu heben sind und bis jetzt noch vielfach ungehoben lagen.

Das bayerische Nationalmuseum erhielt von Anbeginn in seiner Ausstattung einen
künstlerischen Charakter, wie es sich für eine der bedeutendsten Sammlungen der Kunst=
hauptstadt München wohl ziemt, und auch neuerdings ist für den gesteigerten künst=
lerischen Schmuck der Vorhalle und der Innenräume viel geschehen. Gar manches
Ausstellungs=Geräthe von Tischen, Kasten u. dergl. ist bei uns selbst wieder ein schönes
Probestück des alten Kunstgewerbes oder ein Erzeugniß des modernen künstlerischen
Erfindungsgeistes. So sollen denn auch die Sammlungs=Kataloge, welche wir hiermit
beginnen, nicht ohne künstlerischen Schmuck vor die Leser treten. Das Titelblatt dieses
Katalogs der romanischen Alterthümer zeigt uns eine nach Motiven romanischer Minia=
turen höchst eigenartig entworfene Vignette und der allgemeine Umschlag fügt ein Bild
hinzu, dessen moderner Renaissancestil deutlich die künstlerische Handschrift des Meisters
verräth, der beide Blätter erfunden hat. Wissenschaft, Kunst und Kunstgewerbe schöpfen
auf diesem Bilde aus dem gemeinsamen reich sprudelnden Borne. Möchten ihre Jünger
auch immer eifriger aus dem reichen Borne unserer Sammlungen schöpfen, der sich
jedem Strebenden zum Genusse bietet.

München, 25. September 1889.

Dr. W. H. v. Riehl,

kgl. Direktor des bayer. National-Museums.

Vorwort
zum fünften Bande.

— · — · —

Der hiemit in die Oeffentlichkeit tretende Band der Kataloge des bayerischen Nationalmuseums enthält die Beschreibung der Gegenstände, welche ihre Stelle in den ersten Räumen der allgemeinen kulturgeschichtlichen Sammlung des Mittelalters einnehmen. Es sind zumeist Denkmäler aus den früheren Jahrhunderten des Mittelalters, jener Stilgemeinschaft angehörend, welche mit dem conventionellen Ausdrucke „romanisch" bezeichnet wird. Hiezu gesellen sich Gegenstände in kleinerer Anzahl, welche nach ihrem zeitlichen wie örtlichen Ursprunge aus den Grenzen jener Stilgemeinschaft — zum Theile weit herantreten. Das Recht ihrer Stellung an der Seite der romanischen Alterthümer beruht in ihrer Beziehung zu diesen im Sinne der Vorbereitung oder der Nachwirkung oder auch der Erläuterung gleichzeitiger Einflüsse aus fremden Stilgebieten. Es läßt sich wohl kein ausreichender Grund anführen, um diese Gegenstände von der gegenwärtigen Beschreibung auszuschließen, im Kataloge eine Trennung vorzunehmen, welche in der wohlerwogenen Anordnung der Sammlungen selbst nicht besteht, einer Anordnung, welche vielmehr geeignet erscheint, die Betrachtung des gesammten Stoffes auf einen höheren Gesichtspunkt zu heben. Der Raum und die Bedeutung jedoch, welche die romanischen Werke innerhalb dieses Ganzen in Anspruch nehmen, rechtfertigt es, in der Bezeichnung „Romanische Alterthümer" als Titel dieses Katalogs den Theil für das Ganze zu setzen.

Der Inhalt des Katalogs zerfällt in zwei Hauptgruppen, Gruppe A., die Beschreibung der Originalwerke enthaltend, Gruppe B., die der Nachbildungen. Während die Fachsammlungen des bayerischen Nationalmuseums, mit Ausnahme der Siegelsammlung, fast nur Originalwerke aufweisen, ist in die Bestände der allgemeinen kulturgeschichtlichen Sammlungen, namentlich der mittelalterlichen, eine stattliche Anzahl von Nachbildungen, zumeist Gypsabgüssen anderwärts befindlicher Originalwerke eingereiht. Es mag das Recht des Privatsammlers sein, seinen Stolz in den Besitz von Originalien zu setzen

— V —

und den Nachbildungen seine Räume zu verschließen; für öffentliche Sammlungen dagegen, deren Zweck es ist, den Entwickelungsgang verschiedener Kulturzweige und besonders des künstlerischen und kunstgewerblichen Schaffens vor Augen zu führen, sind gute Nachbildungen ein unentbehrliches Hilfsmaterial, wenn nicht klaffende Lücken die Erfüllung der Aufgabe beeinträchtigen sollen. Alle Momente des Unterschiedes und der Berührung, alle Höhepunkte in den einzelnen Zeiträumen und Stilweisen, alle Schulen und Meister durch eine ununterbrochene Reihe von Originalwerken vor Augen zu führen, wird für jede Sammlung ein unerreichbares Ziel bleiben. Zur Erleichterung des vergleichenden Studiums sind in den Sammlungen des bayerischen Nationalmuseums Originalwerke und Nachbildungen einander an die Seite gestellt; dementsprechend sind auch in diesem Kataloge beide Kategorien, wenn auch in getrennten Gruppen vorgeführt; es darf erwartet werden, daß die Wechselbeziehung in der Anordnung des Katalogs und der Sammlungen ebenso der Benützung des Buches wie dem Studium der Gegenstände zu statten kommen werde. Diesem Zwecke dient auch der Vermerk des Standortes der Gegenstände unter dem Texte einer jeden Nummer.*)

Nachweise über Ursprung und Herkunft der Gegenstände sind in geringerer Zahl gegeben, als es dem fachmännischen Leser wünschenswerth erscheinen wird. Der Verfasser des Kataloges ist sich sehr wohl bewußt, daß ein Kunstwerk seine volle kunstgeschichtliche Bedeutung erst durch die sichere Bezeugung seines Ursprunges gewinnt. Diese ist indeß bei Gegenständen, welche im Wege des Alterthümerhandels erworben werden, nur in seltenen Ausnahmsfällen zu erlangen. Gegenstände solcher Herkunft befinden sich in den Sammlungen des bayer. Nationalmuseums in großer Zahl; die bloße Angabe dieser Erwerbsart erschien jedoch bedeutungslos, da sie den eigentlichen Ursprung in keiner Weise aufhellen würde. In den meisten übrigen Fällen war die Arbeit durch die bestehenden Verhältnisse bedingt, wie sie der Verfasser bei der Aufnahme seiner Thätigkeit vorfand; sie näher darzulegen, ist hier nicht der Ort; doch möge eine Bemerkung gestattet sein. Es wird auffallen, daß bei einer Anzahl von Gypsabgüssen der Nachweis über den Ort des Originales mangelt, dessen Kenntniß doch gewöhnlich der Anschaffung der Nachbildung vorausgeht oder sich bei der Erwerbung ergibt. Als der Verfasser vor etwa drei Jahren die Katalogisirung der Nachbildungen in Angriff nahm, welche den Sammlungen des bayer. Nationalmuseums größtentheils bereits im ersten Jahrzehnt seines Bestehens zugeführt wurden, stellte sich heraus, daß nur von einer kleinen Zahl derselben solche Nachweise vorhanden und diese

*) Zum Verständniß dieser Hinweise sei bemerkt, daß „West-Arkade" den gewölbten Gang bezeichnet, welcher zu den Sälen des Parterre-Geschoßes rechts vom Haupteingange des Gebäudes führt: Part. r. S. I. = Parterre rechts Saal I.; Part. l. S. VII. = Parterre links Saal VII.; die vorgesetzte klein gedruckte Ziffer ist die Nummer im Inventar des betreffenden Raumes.

VI

nicht immer zuverläffig waren; für die große Mehrzahl dagegen konnte der Nachweis nur aus der eigenen Kenntniß des Verfaffers fowie aus der von Abbildungen begleiteten Literatur, in einigen Fällen auch aus gütigen Mittheilungen von dritter Seite gefchöpft werden; fo blieb denn ein Reft ohne Nachweis übrig*); fernere Nachforfchungen mögen, namentlich wenn ihnen die dankbar aufzunehmende Unterftützung der Kenner zu ftatten kommen follte, zur Befeitigung diefes Mangels führen.

Die Abbildungen, von der bewährten Kunftanftalt J. B. Obernetter, dahier, in Lichtdruck ausgeführt, ftellen auf 15 Tafeln mit 112 Nummern nur einen kleineren Theil der Originalwerke dar. Die Reproduktion fämmtlicher Gegenftände würde bei der Ausdehnung, welche die Sammlungen des bayer. Nationalmufeums gewonnen haben, dem Katalog in feiner weiteren Fortführung einen Umfang ertheilen, welcher feine bequeme Benützung ausfchließen und ihn auf die Ruhe in den größeren Biblio- theken anweifen würde. Es erfchien daher angemeffener, die Abbildungen auf eine Auswahl der bemerkenswertheren Gegenftände zu befchränken. Aus dem gebotenen Anfchauungsmaterial aber wird fich ergeben, daß die Sammlungen des bayer. National- mufeums wahre Schätze bergen, deren Hebung im kunftgefchichtlichen Sinne mehrfach erft noch zu unternehmen ift; es fei beifpielsweife nur auf die, zu den Markfteinen im Entwickelungsgange der mittelalterlichen Plaftik zu rechnenden Weffobrunner Bildwerke hingewiefen. Möge die vorliegende Veröffentlichung dazu beitragen, daß folchen Denk- mälern die ihnen gebührende Stelle in der Kunftgefchichte nicht länger vorenthalten bleibe.

Dr. Hugo Graf.

*) Bei allen bezüglichen Nummern find am Schluffe des Textes die Siglen „O. N." = „Ohne Nachweis" angefügt, bei den meiften auch die Maße angegeben.

Katalog.

A. Originale.

I. Bautheile von Stein.

1. Mittlerer Kämpfer einer gekuppelten Rundbogenöffnung; Sandstein. An der Vorderseite sind drei Köpfe, ein mittlerer bärtiger und beiderseits ein kleinerer bartloser in kräftigem Relief roh ausgemeißelt. hch.: 0,40 m; größte Breite: 0,44 m; tief: 0,30 m (ohne die Ausladung der Reliefs). — 12. Jahrhundert? Aus dem ehemaligen Kloster Polling.

Geschenk des Herrn Universitätsprofessors Dr. Joh. Sepp, München; nach dessen Ansicht „ältestes bajuwarisches Bildwerk" mit der Darstellung der drei Nornen; vgl. dessen Altbayer. Sagenschatz, S. 285 ff. Nr. 71. — Katalog zur „Ausstellung der Werke älterer Meister", Kunstgewerbeausstellung in München, 1876. S. 5, Nr. 5. — H. Otte, Hdbch. der kirchl. Kunstarchäol., 5. Aufl. Bd. I. Leipzig 1883. S. 568 v. Embede. — Abb. Taf. I.

302. Part. r. S. I.

2. Säulenkapitäl von Kalkstein; Grundform des Würfelkapitäls mit roh gearbeiteten, geflügelten Engelsköpfen an den Ecken. hch.: 0,255 m; Deckplatte br.: 0,305 m; Dchm. am Halse: 0,16 m. — 12. Jahrhundert. Aus der ehem. Abtei Berchtesgaden.

11. West-Arkade.

3. Säulenkapitäl, korbförmig mit menschlichen Köpfen an den Ecken und Löwenmasken in der Mitte, an und unter der Deckplatte, umgeben von Blatt- und Ranken-werk. hch.: 0,31 m; Deckplatte br.: 0,35 m; Dchm. des Halsringes: 0,24 m. — 12. Jahrhundert. — Abb. Taf. I.

17. West-Arkade.

4. Säulenkapitäl von sehr weichem Kalkstein, würfelförmig; der Rand der halb-kreisförmigen Seitenflächen und der Halsring werden durch tauförmig gedrehte Stäbe gebildet. hch.: 0,19 m; Deckplatte br.: 0,285 m; Dchm. des Halsringes: 0,20 m. — 12. bis 13. Jahrhundert.

7. West-Arkade.

5. Kleines Säulenkapitäl von Granit; die geschwungene Kelchform ist mit einer einzigen Reihe kräftiger Schilfblätter besetzt, deren Eckumschläge sich der Knospenform

1

nähern. hch.: 0,23 m; Deckplatte br.: 0,26 m; Dchm. des Halsringes: 0,20 m. — Nach 1200.

85. Part. r. S. I.

6. Säulenkapitäl von Granit; würfelförmig mit Andeutung von Blattwerk und Voluten durch eingegrabene Linien; an den Ecken sind Köpfe roh ausgemeißelt. hch.: 0,24 m; Deckplatte br.: 0,265 m; Dchm. des Halsringes: 0,175 m. — 12. Jahrhundert. Aus dem ehemal. Kloster Windberg bei Straubing. — Geschenk des Frhrn. Leopold von Schrenk.

14. West-Arkade.

7. Halbsäulenkapitäl mit Eckblättern in frühgothischer Krabbenform. Rother Sand-stein. hch.: 0,60 m; Deckplatte br.: 0,61 m; Ausladung: 0,405 m; Halsdchm.: 0,42 m. — 1. Hälfte des 13. Jahrh. Aus dem ehem. Cisterzienserkloster in Eusserthal i/Pfalz. — Abb. Taf. I. — Geschenk der Gemeinde Eusserthal.

13. West-Arkade.

8. Halbsäulenkapitäl mit byzantinisirenden Blättern. Rother Sandstein. hch.: 0,60 m; Deckplatte br.: 0,61 m; Ausladung: 0,41 m; Halsdchm. 0,42 m. — 1. Hälfte des 13. Jahrh. Ebendaher. Geschenk der Frau Möser in Eusserthal.

9. West-Arkade.

9. Würfelkapitäl von Kalkstein. Aus dem Kreuzgang der Schottenkirche zu Regensburg. Alle Seiten der Deckplatte sind mit Bandverschlingungen, die des Kapitäls mit Rankenwerk bedeckt. hch.: 0,305 m; Deckplatte: 0,260 m Seitenlänge im □; Ringdchm. 0,155 m. — 1. Hälfte des 13. Jahrh. — Abb. Taf. I.

6. West-Arkade.

10. Säulchen von Sandstein mit 4 Masquerons an den Ecken des Würfelkapitäls; Basis mit Eckblättern. hch.: 0,73 m; Kapitäl hch: 0,180 m; Basis hch.: 0,180 m; Schaft, unt. Diam.: 0,190 m; ob. Diam.: 0,150 m. —12. bis 13. Jahrh. Aufgefunden bei dem Gasthause zum „goldenen Hirschen" in Vilseck i/Oberpfalz. — Geschenk des Herrn Privatier J. Kaltenecker, München.

19. Part. r. S. I.

11. Kleiner Säulenschaft von weißem Marmor mit einem spiralförmigen Bande in kosmatischer Technik von schwarzen, rothen und goldenen Glaswürfeln umwunden. hch. mit Basis und Hals: 0,41 m; Dchm. des Schaftes: 0,09 m. — 13. Jahrhundert. — Abb. Taf. IV. — Geschenk des Herrn Privatier Kaltenecker, München.

303. Part. r. S. I.

12. Säulenfuß von weichem Kalkstein; attisirende Form mit Ecknollen. hch.: 0,22 m; Plinthe br.: 0,50 m; Dchm. des oberen Ringes: 0,24 m. — 12. Jahrhundert.

847. Part. r. S. I.

13. Säulenfuß; der untere Torus ruht auf zwei liegenden Löwen, zwischen welchen an der Vorder- und Rückseite ein menschlicher Kopf aufrecht liegt. hch.: 0,30 m; Plinthe br.: 0,64 : 0,68 m; Dchm. am Lager des Schaftes: 0,57 m. — Gegen 1200. Aus Bamberg.

26. West-Arkade.

14. Säulenfuß von Kalkstein; auf der Fußplatte liegen zwei Löwen, zwischen welchen an der Vorderseite ein bärtiger, an der Rückseite ein bartloser Mann kauert; der Schaft ruht unvermittelt auf dieser Figurengruppe. hch.: 0,55 m; Fußplatte br.: 0,56 m; Dchm. des Schaftlagers: 0,50 m. — Gegen 1200. Aus Oberdorf i/Allgäu. s. Dr. F. C. Baumann, Gesch. des Allgäu's, Kempten 1881. I. S. 297. Nr. 127. — Abb. Taf. I.

25. West-Arkade.

15. Bruchstück eines Palmettenfrieses von rothem Sandstein. hch.: 0,115 m; lg.: 0,104 m. — Aus Franken? 12. bis 13. Jahrhundert.

135. Part. r. S. I.

16. Säulenfuß von weißem Marmor; dreieckig, aus Plinthe, anlaufender Schmiege mit abgefasten Kanten und darüberliegendem Torus gebildet; alle drei Theile sind mit Einlagen von rother, weißer, goldener und schwarzer Mosaik in kosmatischer Technik verziert. hch.: 0,18 m; untere Dreiecksseite: 0,20 m. — 13. Jahrhundert. — Abb. Taf. IV.

871. Part. r. S. I.

17. Säule von rothem Sandstein; Basis mit Ecknollen; achteckiger, sich verjüngender Schaft mit skulpirtem Zickzackmuster; Kapitäl mit Palmettenmuster. hch.: 1,54 m; Schaftdchm. unten: 0,210 m, oben: 0,165 m. — Nach 1248. Aus dem Kreuzgange der ehemal. Franciskanerkirche in Würzburg.

95. Part. r. S. I.

18. Säule von rothem Sandstein; Basis mit Eckblättern; der Schaft ist aus acht Rundstäben gebündelt, welche sich in halber Höhe knotenförmig verschlingen und im Kapitäle paarweise in Spitzbogenform zusammenlaufen. hch.: 1,54 m; Schaftdchm. unten: 0,215 m; oben: 0,16 m. — Nach 1248. Ebendaher. — Abb. Taf. IV.

96. Part. r. S. I.

19. Steinblock, Thürsturz od. dgl. mit Relief; links eine sitzende männliche Gestalt mit einem Zweige, rechts ein Löwe, mit dem Rachen eine Schlange packend. Rohe Arbeit. lg.: 1,29 m; hch.: 0,42 m; stark: 0,24 m. — Aus dem ehemaligen Kloster Rott a/Jnn. 12. Jahrhundert? — s. Sighart, Gesch. d. bild. Kste. in Bayern, 1863. S. 59 Anm. 2.

152. Part. r. S. I.

20. Werkstück von Sandstein; Theil eines Bogens mit palmettenförmigem Blattwerk; die Mittelrippen der Blätter sind diamantirt, ebenso die Bogenranken, welche die Palmetten umschließen. hch.: 0,22 m; br.: 0,335 m; tief: 0,285 m. — Um 1200. Vom älteren Dome in Bamberg?

16. Part. r. S. I.

21. Zierplatte oder Gewölbeschlußstein von weißem Marmor mit dem Reliefbilde eines Adlers, welcher einen Hasen im Rücken anfällt und in die Augen pickt. Dchm.: 0,24 m. — 13. Jahrhundert? Oberitalienisch?

3. West-Arkade.

1*

22. Desgleichen; zwei Vögel zu beiden Seiten an einem Baume sitzend und an demselben pickend. Dchm.: 0,325 m.

5. West-Arkade.

23. Desgleichen; zwei Adler, mit den Rücken einander ab=, mit den Köpfen einander zugewandt. Dchm.: 0,21 m.

6. West-Arkade.

24. Desgleichen; phantastische Gestalt mit Kopf und Oberkörper eines Menschen, Leib und Beinen eines Vogels und einem Fischschwanze; in den Armen hält sie einen Fisch. Dchm.: 0,40 m.

10. West-Arkade.

25. Desgleichen; zwei von einander abgewandte, die Köpfe einander zukehrende Drachen mit verschlungenen Schwänzen. Dchm.: 0,40 m.

16. West-Arkade.

26. Desgleichen; Adler, einen Hasen anfallend. Dchm.: 0,28 m.

20. West-Arkade.

27. Desgleichen; zwei Vögel mit abgewandten Rücken, an einem zwischen ihnen hängenden Blattbüschel pickend. Dchm.: 0,27 m.

21. West-Arkade.

28. Desgleichen; Adler, einen Hasen im Rücken anfallend. Dchm.: 0,24 m.

23. West-Arkade.

29. Desgleichen; Drache mit menschlichem Kopfe. Dchm.: 0,29 m.

59. Part. r. S. 1.

30. Desgleichen; Raubvogel, einen anderen Vogel im Rücken anfallend. Dchm.: 0,28 m.

60. Part. r. S. 1.

31. Desgleichen; zu beiden Seiten eines Baumes je ein Vogel, ihm den Rücken und den Kopf zuwendend. Dchm.: 0,34 m.

61. Part. r. S. I.

32. Desgleichen; Adler, in Vorderansicht mit einem aufgeschlagenen Buche in den Klauen; Zeichen des Evangelisten Johannes? Dchm.: 0,36 m.

62. Part. r. S. I.

33. Desgleichen; zwei Vögel, sich zu beiden Seiten an einen Baum anklammernd und an demselben pickend. Dchm.: 0,26 m.

64. Part. r. S. I.

34. Desgleichen; Adler, eine Gans anfallend. Dchm.: 0,24 m.

65. Part. r. S. I.

35. Desgleichen; Adler, in den Klauen eine Schlange haltend, welche sich aufrichtet und in seinen rechten Flügel beißt; das Relief wird von einem Perlstabe umgeben. Dchm.: 0,38 m.

70. Part. r. S. I.

36. Desgleichen; ein Greif. Dchm.: 0,29 m.

71. Part. r. S. I.

37. Desgleichen; in dem von einem Lorbeerkranze umgebenen Felde sind ein größerer und ein kleinerer menschlicher Kopf, einander anblickend, dargestellt; zwischen beiden ein Zweig mit drei Blättern. Dchm.: 0,28 m.

72 Part. r. S. I.

38. Desgleichen; zwei Vögel, an einer Pflanze sitzend und pickend. Dchm.: 0,29 m.

73. Part. r. S. I.

39. Desgleichen; Vogel, einen Stier im Rücken anfallend. Dchm.: 0,32 m.

74. Part. r. S. I.

40. Desgleichen; Vogel, ein vierfüßiges Thier anfallend. Dchm.: 0,28 m.

75. Part. r. S. I.

41. Desgleichen; phantastische Gestalt mit Menschenkopf, Stierleib und Schlange als Schweif. Dchm.: 0,36 m.

77. Part. r. S. I.

42. Desgleichen; Adler im Rücken eines anderen ähnlichen Vogels, nach dessen Kopfe pickend. Dchm.: 0,28 m.

79. Part. r. S. I.

43. Reliefplatte von Marmor, Fragment. Zwei gewundene, sich kreuzende Zahnleisten umranken einen Vogel; links als Füllornament eine Rosette. hch.: 0,25 m; br.: 0,285 m; st.: 0,07 m. — Oberitalienisch. — 13. Jahrh.?

170. Part. r. S. I.

44. Wasserspeier von Granit in Gestalt eines Froschkopfes mit einer Rinne über Stirne und Nase; Reste von schwarzer und rother Farbe von einer späteren Bemalung. hch.: 0,24 m; lg.: 0,28 m; br. von Ohr zu Ohr: 0,30 m. — 13. bis 14. Jahrhundert. Wurde im 18. Jahrhundert im Grödnerbache im Grödnerthale gefunden und sodann an einem Bauernhause eingemauert. — Abb. Taf V. — Geschenk des Herrn Wilibald von Schulenburg aus Charlottenburg.

877. Part. r. S. I.

45. bis **52.** Bodenfliesen, Backsteine von quadratischer Form mit eingedrückten Stempeln. Seitenlänge: 0,180 m; st.: 0,060 m. — 13. Jahrhundert?

202 bis 209. Part. r. S. I.

45. Stempelbild: in einer Kreisform von 0,065 m Dchm. ein heraldischer Löwe, zwischen dessen Beinen ein Stengel mit einem Kleeblatt.

46. Stempelbild: sechsblätterige Rose.

47. und

48. wie 46.

49. wie 45.

50. wie 46.

51. wie 45.

52. wie 46.

Die für die Geschichte der kirchlichen Baukunst des Mittelalters in den bayerischen Stammlanden hoch bedeutsamen Baureste aus dem Kloster Wessobrunn sind, der besseren Uebersicht wegen, in den folgenden Nummern 53 bis 108 zu einer Gruppe vereinigt. Die Nummern 56 bis 71 entstammen der von Abt Ulrich III. um 1281 erbauten Krypta, welche im Jahre 1717 außer Benützung gesetzt und geschlossen wurde; ihre Bestandtheile wanderten nach dem Abbruche der Kirche im Jahre 1810 mit den übrigen Abbruchsmaterialien nach Weilheim, um dort bei den Neubauten in Folge eines vorausgegangenen großen Brandes Wiederverwendung zu finden. Die hier verzeichneten Stücke entgingen glücklicherweise diesem Schicksale und dienten seither zum Schmucke des Wirthschaftsgartens zur „Traube" in Weilheim, von wo sie am 11. Oktober 1888 durch Schenkung der Familie Hallberger (Stuttgart) in die Sammlungen des bayer. Nationalmuseums gelangten. Alle übrigen Baufragmente traten bei Grabungen, welche in den Jahren 1862 bis 1864 im Pfarrgarten zu Wessobrunn auf der Stätte des alten Klosters vorgenommen und nach den ersten Entdeckungen auf Kosten des bayer. Nationalmuseums fortgesetzt wurden, zu Tage; sie waren, wahrscheinlich in der zweiten Hälfte des 17. Jahrhunderts, nebst der großen Mehrzahl der weiter unten zu verzeichnenden Skulpturwerke von ihrer ursprünglichen Stelle entfernt und in die Fundamente von klösterlichen Neubauten gebettet worden.

53. Säulenfuß von Sandstein; attische Basis mit Eckknollen. Seitenlänge der Plinthe: 0, 26 m; Dchm. des oberen Wulstes: 0,23 m; ganze Höhe: 0,22 m. — Aus Wessobrunn. 12. bis 13. Jahrh.

86. Part. r. S. I.

54. Säulenfuß von Sandstein; attische Basis mit Eckknollen. Seitenlänge der Plinthe: 0,365 m; ganze Höhe: 0,35 m. — Aus Wessobrunn. 12. bis 13. Jahrh.

142. Part. r. S. I.

55. Säulenfuß von Sandstein; attische Basis mit Eckknollen. Seitenlänge der Plinthe: 0,37 m; ganze Höhe: 0,325 m. — Aus Wessobrunn. 12. bis 13. Jahrh.

301. Part. r. S. I.

56 bis 61. Sechs Säulenkapitäle von Sandstein aus der Krypta der ehemaligen Abteikirche zu Wessobrunn. Schlichte Kelchform mit Halsring und ohne Deckplatte; an den Ecken bilden den Uebergang von der unteren Kreisform zur oberen quadratischen Form schlichte dreifach geränderte Schilfblätter, zwischen deren oberen Theilen je ein kleineres steht. Hch.: 0,305 m; obere Quadratseite: 0,425 m; Dchm. des Halsringes: 0,36 m. — 1281 bis 1285.

Geschenk der Familie Hallberger in Stuttgart. — Abb. Taf. II (57). — cf. Coel. Leutner, hist. Wessof. p. 283.

28. 30. 32. 34. 36. 38. West-Arkade.

62 bis 65. Vier Säulenkapitäle gleich den vorigen; ebendaher. — Geschenk der Familie Hallberger in Stuttgart.

230 bis 233. Garten.

66 bis 71. Sechs Säulenfüße von Sandstein aus der Krypta der ehemaligen Abteikirche zu Wessobrunn. Steile attische Basis mit Eckknollen. Hch.: 0, 31 m; Dchm.

des oberen Torus: 0,37—38 m; Seitenlänge der Plinthe: 0,445 m. — 1281 bis 1285. — Geschenk der Familie Hallberger in Stuttgart. — Abb. Taf. II. (67).

29. 31. 33. 35. 37. 39. West-Arkade.

72. Säulenfuß von Sandstein; an den Ecken Figuren, dazwischen Laubwerk. Seitenlänge der Plinthe: 0,46 m; hch.: 0,33 m. — Aus Wessobrunn. 13. bis 14. Jahrh.

90. Part. r S. I.

73. Kapitäl in Kämpferform; Sandstein. Die beiden Langseiten sind mit phantastischen Thiergruppen, — je 1 Paar —, die Schmalseiten einerseits mit Pflanzen-ornament, andererseits mit der Figur eines, einen Ast tragenden wilden Mannes, in Flachrelief verziert. An den unteren Kanten der Deckplatte ist an jeder Schmalseite ein Dreiviertelsstab angebracht. Obere Lge: 0,95 m; ob. Br.: 0,56 m; unt. Lge.: 0,55 m; unt. Br.: 0,29 m; hch.: 0,35 m. — Aus Wessobrunn. 13. Jahrhundert.

299. Part. r. S. I.

74. Kapitäl in Kämpferform; Sandstein. Die abgefasten Kanten des Kapitäls sind mit einem Schilfblatte, jede Längsseite mit einer Palme in Flachrelief, die Schmal-seiten mit einem Kerbschnittmuster in einer Kreisform verziert. Deckplatte lg.: 0,565 m; br.: 0,255 m; unt. Dchm.: 0,16 m; hch.: 0,25 m. — Aus Wessobrunn. 13. Jahr-hundert. — Abb. Taf. II.

143. Part. r. S. I.

75. Säulenkapitäl von Sandstein. Würfelförmig, mit Laubwerk verziert. Seiten-länge der Deckplate: 0,25 m; unt. Dchm.: 0,165 m; hch.: 0,215 m. — Aus Wessobrunn. 13. Jahrhundert.

18. West-Arkade.

76. Säulenkapitäl von Sandstein. Abart des Würfelkapitäls. hch.: 0,25 m; Seitenlänge der Deckplatte: 0,55 m. — Aus Wessobrunn. 12. bis 13. Jahrhundert.

300. Part. r. S. I.

77. Säulenkapitäl von Sandstein; korinthisirend, aus zwei Blattreihen gebildet. hch.: 0,17 m; unt. Dchm.: 0,095 m; Seitenlänge der Deckplatte: 0,17 m. — Aus Wesso-brunn. Um oder nach 1200.

113. Part. r. S. I.

78. Säulenkapitäl von Sandstein. Würfelförmig mit Blattwerk in Uebergangs-form. Seitenlänge der Deckplatte: 0,18 m; unt. Dchm.: 0,11 m; hch.: 0,11 m. — Aus Wessobrunn. 13. Jahrhundert.

157. Part. r. S. I.

79. Säulenkapitäl von Sandstein; aus zwei Blattreihen mit kräftigen Umschlägen gebildet. hch.: 0,17 m; unt. Dchm. 0,095 m; Deckplatte: 0,18 m Seitenlänge. — Aus Wessobrunn. 1. Hälfte des 13. Jahrhunderts.

116. Part. r. S. I.

80. Säulenkapitäl von Sandstein. Die Ornamentirung in Hoch- und Flachrelief besteht aus vier Vogelgestalten mit Menschenköpfen, welch' letztere die Eckknäufe unter der Deckplatte bilden; die Schweife der Vögel enden in Blattranken, welche die flächen des Kapitäls überziehen und über den Köpfen einen Blattüberfall bilden. hch.: 0,44 m; Seitenlänge der Deckplatte: 0,475 m; der untere Theil des Kapitäls ist beschädigt. — Aus Wessobrunn. 13. Jahrhundert.

297. Part. r. S. I.

81. Säulenkapitäl, völlig conform mit Nr. 80. — Abb. Taf. II.

304. Part r. S. I.

82. Wandsäulenkapitäl von Sandstein. Korinthisirend nach dem Schema des Knospenkapitäls; Blattreihen mit runden Lappen; in der Mittelreihe und an den Ecken unter der Deckplatte Aufrollungen und Blattumschläge. Beschädigt. hch.: 0,47 m; br.: 0,45 m; Ausladung 0,29 m; unt. Dchm.: 0,30 m. — Aus Wessobrunn. 13. Jahrhundert. — Abb. Taf. II.

1. West-Arkade.

83. Wandsäulenkapitäl von Sandstein. Korinthisirend nach dem Schema des Knospenkapitäls; Blattreihen mit zahnförmigen Lappen; alle Blattumschläge der mittleren Reihe und an den Ecken sind abgebrochen. hch.: 0,47 m; br.: 0,42 m; Ausladung: 0,27 m; unt. Dchm.: 0,34 m. — Aus Wessobrunn. 13. Jahrhundert.

24. West-Arkade.

84. Säule, hch.; 1,115 m; das Kapitäl von Sandstein, korinthisirend, mit ungegliederten Blättern, hch.: 0,17 m, sowie der Säulenfuß von Sandstein mit gegliederten und umgeschlagenen Eckblättern, hch.: 0,08 m. — Aus Wessobrunn. 13. Jahrhundert. — Der Schaft von Marmor ist ergänzt.

114. Part. r. S. I.

85. Säule, hch.: 1,115 m; das Kapitäl von Sandstein mit Blattumschlägen in Knospenform, hch.: 0,17 m, sowie der Säulenfuß von Sandstein mit gegliederten und umgeschlagenen Eckblättern, hch.: 0,08 m. — Aus Wessobrunn. 13. Jahrhundert. — Der Schaft von Marmor ist ergänzt. — Abb. des Kapitäls s. Taf. IV.

115. Part. r. S. I.

86. Kapitälfragment eines Wandsäulchens mit Blattwerk des Uebergangsstils. Deckplatte br.: 0,17 m; Ausladung: 0,22 m; hch.: 0,13 m. — Aus Wessobrunn. 13. Jahrhundert.

17. Part. r. S. I.

87. Obertheil einer kleinen Wandsäule von Sandstein, mit dem aus kräftig modellirtem Blattwerk gebildeten Kapitäle. Ganze Höhe: 0,435 m; Kapitäl hch.: 0,175 m; Schaftdchm.: 0,09 m; Pfeiler br.: 0,19 m, st.: 0,075 m. — Aus Wessobrunn. 13. Jahrhundert.

150. Part. r. S. I.

88. Eckblatt eines Knospenkapitäls mit einem Bruchstück der Deckplatte; Sandstein, mit Resten von Vergoldung. hch.: 0,115 m; lg.: 0,17 m. — Aus Wessobrunn. 13. Jahrhundert. — Abb. Taf. IV.

88. Part. r. S. I.

89. Eckblatt eines Knospenkapitäls von Sandstein mit Resten von Vergoldung. hch.: 0,09 m; br.: 0,10 m; Ausladung: 0,085 m. — Aus Wessobrunn. 13. Jahrhundert.

89. Part. r. S. I.

90. Eckblatt eines Kapitäls von Sandstein, von kräftigem, gezahnten Blattwerk gebildet. Uebergangsstil. br.: 0,09 m; tief: 0,06 m. – Aus Wessobrunn. 13. Jahrh.

139. Part. r. S. I.

91. Säulenkapitäl, an zwei Seiten in einer rechtwinkeligen Ecke engagirt; Sandstein. Schema des Knospenkapitäls; alle Blattumschläge sind abgebrochen; Reste von Vergoldung. hch.: 0,26 m; Seitenlänge der Deckplatte: 0,21 m; unt. Dchm.: 0,125 m. — Aus Wessobrunn. 13. Jahrhundert.

166. Part. r. S. I.

92. Säulenkapitäl von Sandstein, von einem Portale? hch.: 0,45 m; die Deckplatte ist unregelmäßig viereckig, 0,46 m breit; 0,30 m tief an der linken, 0,50 m tief an der rechten Seite. Die längere Seite des Kapitäls wird durch eine Löwenfigur, die kürzere durch ein menschliches, bekröntes Haupt gebildet, unter welchem eine Lilie (fleur de lis) ausgemeißelt ist. — Aus Wessobrunn. 13. Jahrhundert.

91. Part. r. S. I.

93. Kapitäl einer Wandsäule von Sandstein. Vielfach verstümmelt; die Skulptur läßt vier Figuren erkennen; rechts außen ein Engel, links außen eine Gestalt, welche eine Orgel trägt. hch.: 0,53 m; br. 0,45 m; Ausladung: 0,25 m; tief sammt dem Pfeiler: 0,52 m. — Aus Wessobrunn. 14. Jahrhundert.

85. Part. r. S. I.

94. Fragment einer Brunneneinfassung oder eines Taufsteines? Platte von Sandstein, an der Innenseite nach einem Kreissegment, an der Außenseite polygonal gestaltet, und mit einem Säulchen in Uebergangsform besetzt. hch.: 0,315 m; br.: 0,240 m; Tiefe: 0,090 m : 0,100 m. Kapitäl des Säulchens hch.: 0,130 m. — Aus Wessobrunn. 13. Jahrhundert.

151. Part. r. S. I.

95. Bestandtheil eines Bogenfrieses von Sandstein mit profilirtem Rundbogen. Bogenspannung: 0,32 m; lg.: 0,65 m; hch.: 0,235 m; tief: 0,15 m. — Aus Wessobrunn. 12. bis 13. Jahrhundert.

13. West-Arkade.

96. Fragment eines rundbogigen Sturzes mit rechteckiger Laibung. Sandstein. Die Vorderseite ist mit Blatt- und Rankenwerk in Flachrelief verziert. Am oberen Theile beschädigt. Lagerbreite: 0,375 m; größte Breite: 0,48 m; hch.: 0,66 m; tief: 0,20 m. — Aus Wessobrunn. 13. Jahrhundert.

155. Part. r. S. I.

97. Hälfte eines rundbogigen Sturzes mit rechteckiger Laibung. Sandstein. Die Vorderseite ist mit Blatt- und Rankenwerk in Flachrelief verziert. Lagerbreite: 0,375 m;

2

Höhe der Stoßfuge im Scheitel: 0,20 m; ganze Höhe: 0,66 m; Breite: 0,84 m. — Aus Wessobrunn. 13. Jahrhundert.

159. Part. r. S. I.

98. Hälfte eines rundbogigen Sturzes von Sandstein. Die Laibung ist an der Vorder- und Rückseite im Viertelskreise ausgekehlt. Breite der Lager am Kämpfer und im Scheitel: 0,095 m; hch.: 0,55 m; br.: 0,30 m; tief: 0,185 m. — Aus Wessobrunn. 12. oder 13. Jahrhundert.

164. Part. r. S. I.

99. Pfeilerstück von einem Thürgewände oder einer Wandarkade, von Sandstein. Die Vorderseite hat Ornament in Flachrelief, aus 2 Vögeln mit menschlichen Köpfen bestehend, deren Schweife in Ranken- und Blattwerk auslaufen, in Conformität des Motives mit dem der beiden Säulenkapitäle Nr. 80 und 81. Eine Kante ist kehlenförmig gefaßt. hch. 0,770 m; br.: 0,370; Stärke: 0,180 m. — Aus Wessobrunn. 13. Jahrhundert. — Abb. Taf. II.

136. Part. r. S. I.

100. Pfeilerstück von einem Thürgewände oder einer Arkade, von Sandstein. Die Vorderseite und eine Schmalseite zeigen ein höchst geschmackvolles Muster von Blattranken in Flachrelief. Zwei diagonal entgegengesetzte Kanten sind kehlenförmig gefaßt. hch.: 0,805 m; br.: 0,370 m; Stärke: 0,160 m. — Aus Wessobrunn. 13. Jahrhundert. — Abb. Taf. II. Vorder- und Seitenansicht.

167. Part. r. S. I.

101. Arkade, Wandöffnung oder Blendbogen von Sandstein; am Intrados und der Vorderseite mit Blattranken in Flachrelief verziert. Aus Wessobrunn. Totalhöhe: 1,68 m; lichte Höhe: 1,39 m; Breite: 1,36 m; Breite im Lichten: 0,78 m; Tiefe bis zur Wand: 0,20 m. — 13. Jahrhundert.

864. Part. r. S. I.

102. Keilstein einer rundbogigen Archivolte mit rechtwinkeliger Laibung. Sandstein. Die Vorderseite ist mit Blatt- und Rankenwerk in Flachrelief verziert. br.: 0,29 m; lg.: 0,315 m; tief: 0,18 m. — Aus Wessobrunn. 13. Jahrhundert.

93. Part. r. S. I.

103. Theil einer rundbogigen Archivolte wie Nr. 102. Sehnenlänge am Extrados: 0,633 m; am Intrados: 0,40 m; br.: 0,26 m; tief: 0,18 m. — Aus Wessobrunn. 13. Jahrhundert.

161. Part. r. S. I.

104. Theil einer rundbogigen Archivolte von Sandstein. Die Vorderseite und der Intrados sind mit Blatt- und Rankenwerk in Flachrelief verziert. Die Laibung ist rechtwinkelig. Sehnenlge. am Extrados: 0,62 m; Sehnenlge. am Intrados: 0,40 m; br.: 0,26 m; tief: 0,18 m. — Aus Wessobrunn. 13. Jahrhundert. — Abb. Taf. V.

866. Part. r. S. I.

105. Theil einer Archivolte von Sandstein mit rechtwinkeliger Laibung, auf der Stirnseite und einem anstoßenden Streifen des Intrados von 0,21 m Breite mit Blattranken in Flachrelief verziert. ·Aeußere Sehnenlge.: 0,66 m; innere Sehnenlge.: 0,56 m; br.: 0,23 m; tief: 0,43 m. — Aus Wessobrunn. 13. Jahrhundert.

(37. Part. r. S. I.

106. Theil einer Archivolte wie Nr. 105. Aeußere Sehnenlge: 0,62 m; innere Sehnenlge: 0,56 m; br.: 0,23 m; tief: 0,43 m. — Aus Wessobrunn. 13. Jahrhundert.

160. Part. r. S. I.

107. Theil eines Bekrönungsgesimses, die Vorderseite leicht gebaucht und mit Blatt- und Rankenwerk in Flachrelief verziert; darüber ein Plättchen. hch.: 0,18 m; lg.: 0,48 m; tief: 0,25 m. — Aus Wessobrunn. 12. oder 13. Jahrhundert.

168. Part. r. S. I.

108. Theil eines Bekrönungsgesimses von Sandstein, auf beiden Seiten skulpirt. Die eine Seite zeigt das Schachbrettmuster, die andere ist in drei Fascien getheilt, wovon die untere glatt, die mittlere mit Blattwerk, die oberste mit einem stehenden Schilfblatt-kranze verziert ist. Obere Stärke: 0,27 m; unt. St.: 0,17 m; hch.: 0,24 m; lg.: 0,50 m. — Aus Wessobrunn. 12. oder 13. Jahrhundert.

18. Part. r. S. I.

II. Werke der Bildhauerkunst von Stein.

109. Sarg mit Flachdeckel von Sandstein. Auf dem Deckel sind in flachem Relief ein Kreuz, geometrische Felder und zwei Vögel in Kreisformen ausgemeißelt. hch: 0,61 m; obere Br.: 0,77 m; untere Br.: 0,62 m; lg.: 2,0 m. — Vom alten Friedhofe in Großwallstadt i/Unterfranken. 1100 bis 1200.

27. West-Arkade.

110. Liegender Löwe von Marmor, eine männliche Gestalt zwischen den Tatzen haltend; vereinzelte Farbspuren. lg.: 0,88 m; hch.: 0,56 m; br. 0,43 m. — Von einem Portale? Zweite Hälfte des 12. Jahrhunderts. Aus dem Kloster St. Zeno bei Reichenhall.

2. West-Arkade.

111. Desgleichen, eine bärtige männliche Gestalt zerfleischend; der Rücken ist flach behufs Aufnahme eines Pfeilers oder einer Uebermauerung. lg.: 0,77 m; hch.: 0,525 m; br. 0,525 m. — Zweite Hälfte des 12. Jahrhunderts. Ebendaher.

22. West-Arkade.

112. Löwe von rothem Marmor; aus dem Rücken des ruhenden Thieres erhebt sich der Ansatz eines Säulenschaftes. Von einem Portale? lg.: 1,15 m; hch.: 0,83 m; Fußplatte br.: 0,42 m. — Zweite Hälfte des 12. Jahrh. Ebendaher. — Abb. Taf. I.

12. West-Arkade.

113. Löwe von Sandstein. Von einem Portale? Die obere Hälfte des Kopfes fehlt; die Mähne des liegenden Thieres wird durch blattförmige Locken mit gerollten Spitzen gebildet. lg: 1,05 m; hch.: 0,60 m; tief: 0,34 m. — Zweite Hälfte des 12. Jahrhunderts. Aus Speier. — s. Palatina, Beil. zur Pfälzer Ztg., 1859. Nr. 38. S. 152. — Geschenk des Bierbrauers Moos in Speier.

19. West-Arkade.

114. Desgleichen; das Thier hält im Rachen eine liegende, beide Hände in der Geberde der Ruhe unter die rechte Wange haltende männliche Gestalt; der Rücktheil des Löwen ist in einer schrägen Fläche (Stoßfuge?) abgehauen. lg.: 0,89 m; hch.: 0,64 m; tf.: 0,46 m. — Zweite Hälfte des 12. Jahrhunderts. Ebendaher. — s. Palatina a. a. O. — Geschenk desselben.

4. West-Arkade.

115. Sitzbild von Kalkstein; Christus, thronend in majestate Domini, auf dem Haupte die Königskrone, deren obere Theile verstümmelt sind; die linke Hand hält das geöffnete Buch des Lebens auf das linke Knie gestützt; die rechte ist lehrend vor die Brust gelegt; beide Hände sind zum Theil beschädigt. Der flache, wenig bearbeitete

Rücken deutet auf die Stellung an einer Wand; Kopf und Thron zeigen Spuren von Bemalung. hch.: 1,28 m; br.: 0,76 m; tf.: 0,46 m. — Nach 1200.

Aus der ehemaligen Abteikirche zu Reichenbach i/Oberpfalz; erwähnt bei Sighart, Gesch. d. bild. Kste. im Kgrch. Bayern, S. 188, jedoch irrthümlich als Holzfigur. — Abb. Taf. III.

849. Part. r. S. I.

116. Figur des h. Mauritius, an einem Pfeiler stehend, welcher einen Baldachin mit flacher Deckplatte auf zwei schlichten Consolen trägt. Der Heilige ist mit der Kesselhaube, dem langen, oben abgerundeten Dreieckschilde in der linken und der, nun fehlenden, Lanze in der rechten Hand bewehrt; hinter seinem Haupte ist der scheibenförmige Nimbus am Pfeiler ausgemeißelt. Totale Höhe: 1,76 m; Breite: 0,55 m; Tiefe: 0,47 m; Höhe der Figur: 1,42 m. — 13. Jahrhundert. — Gefunden bei dem Kloster Nieder-Altaich. — Geschenk des Herrn Aug. Reuling, München. — Abb. f. Kstschätze a. d. b. N.-M. Bl. 131.

99. Garten.

117. Fragment einer Reliefskulptur von weißem Marmor; Madonnenhaupt en face; italienische Arbeit mit byzantinischer Einwirkung. hch.: 0,18 m; br.: 0,17 m; st. 0,07 m. — 13. Jahrhundert.

68. Part. r. S. I.

118. Thürbogen, Relief, ehemals an der Kirchhofsmauer zu Steingaden eingefügt; vier Bruchstücke. Sandstein. Darstellung: Engel mit Nimbus, in den Händen ein Schriftband mit folgender Inschrift haltend: Janua pulsanti patet haec ve(niam) precanti. Maaße in der Zusammensetzung der Bruchstücke: lg.: 1,52 m; hch.: 0,37 m; st.: 0,09 m. — 13. Jahrhundert.

42. 43. 163. Part. r. S. I.

119. Thürbogenfeld mit Reliefskulptur und umgebendem Schriftrande. Sandstein mit Spuren von Bemalung. Aus dem ehemal. Kreuzgange der St. Ulrichskirche in Augsburg (wohl vom Eingange zum Brunnenhaus?). Das Relief zeigt Christus, vor dem h. Petrus knieend und demselben die Füße waschend; hinter Christus steht die Gestalt der Humilitas mit einem Schriftbande in der Hand, welches die Aufschrift enthält: Beati mites. Der äußere halbkreisförmige Schriftrand enthält die Inschrift: Heret·Servorum·Pedibus·Dominus·Dominorum. Der untere horizontale Rand: Sic· Ds·E·Humilis·Tumet·Ut·Qd·Homuntio·Vilis.
hch.: 0,60 m; br.: 1,19 m; tf.: 0,22 m. 13. Jahrhundert — Abb. Taf. V. — f. Sighart, Gesch. d. bild. Kste. S. 519 Anm. 2. Lotz, Ksttopogr. II. S. 27.

294. Part. r. S. I.

120. Relief von rothem Sandstein; der thronende Christus, bärtig, mit dem Kreuznimbus, in der linken Hand das Buch des Lebens haltend, die rechte in lehrender Geberde erhebend. hch.: 0,87 m; br.: 0,34 m; Stärke der Platte: 0,24 m. Aus Würzburg — Um 1200.

169. Part. r. S. I.

121. Viereckige Platte mit flachem Relief; Wappenschild mit dem Bilde eines aufgrimmenden Löwen, dessen Schweif ornamental stilisirt ist. Wappen des Hauses Welf? Ursprünglich wohl ein Grabstein, zuletzt an dem sog. Sattlerhause in Steingaden eingemauert. hch.: 1,065 m; br.: 0,71 m. — Ende des 13. Jahrhunderts.

27. Part. r. S. II.

Wie oben die Baufragmente aus dem Kloster Wessobrunn, so sind hier auch die dorther stammenden steinernen Bildwerke in den Nummern 122 bis 145 zu einer Gruppe vereinigt. Die meisten derselben sind Ergebnisse der Ausgrabungen von 1862 bis 1864; bezüglich des hervorragendsten Stückes, der thronenden Maria mit dem Jesuskinde, ist der nähere Nachweis unter Nr. 124 gegeben. Diese Bildwerke, in ihrer Gesammtheit und im Zusammenhalt mit den oben beschriebenen Architekturtheilen betrachtet, deuten auf einen Lettner mit vorgebautem Kreuzaltar und Kanzel, sowie auf steinerne Schranken zu beiden Seiten des Chores der Abteikirche; den Schmuck dieser Schranken mögen nach Analogie noch erhaltener Beispiele, wie in der Stiftskirche zu Hamersleben, St. Michael in Hildesheim, Liebfrauenkirche in Halberstadt, die Sitzbilder der Maria sowie der Apostel, Nr. 125 bis 133, gebildet haben; ein ehedem jedenfalls vorhandenes Sitzbild Christi ist bis jetzt noch nicht wieder aufgefunden worden oder wenigstens unter den Fundstücken nicht mit Sicherheit nachzuweisen. — Hinsichtlich der Entstehung dieser Werke ist wohl die Nachricht bei Coel. Leutner, Historia monasterii Wessofontani, Augsburg 1753, p 283, von Belang, wonach Abt Ulrich III. (1281 bis 1286), „wenn nicht die ganze Abteikirche von Grunde aus wiederherstellte, doch sicher das Presbyterium erweiterte und den neuen Chor nebst der darunter liegenden Krypta erbaute, den Hochaltar zu Ehren der Apostel St. Peter und Paul errichtete und in der Krypta einen eigenen Altar des Märtyrers St. Sebastian gründete." Die Weihe der Kirche und ihrer Altäre geschah 1285 durch Bischof Hartmann von Augsburg.

122. Reliefplatte von Sandstein; sehr beschädigt; von der Darstellung ist noch ein Cherub vorhanden, dessen rechte Hand unter den Flügeln hervorragt. hch.: 0,51 m; br.: 0,78 m; st.: 0,10 m. — Aus Wessobrunn. 12. Jahrhundert?

149. Part. r. S. I.

123. Löwe von Sandstein, liegend und in jeder Tatze einen kleinen Drachen haltend. Der Kopf fehlt. lg.: 0,71 m; br.: 0,29 m; hch.: 0,28 m. — Aus Wessobrunn. 13. Jahrhundert.

144. Part. r. S. I.

124. Sitzbild von Steingadener Sandstein, Maria mit dem Jesuskinde, das sie mit dem linken Arme umfängt; mit der rechten Hand reicht sie dem Kinde einen Apfel, welchen dieses mit der linken Hand ergreift, während es die rechte segnend erhebt; das Antlitz der Mutter ist mit freundlicher Miene dem Kinde zugewendet. Die Füße Mariä ruhen auf zwei kleinen, symmetrisch angeordneten Drachenfiguren. Der Thron ist verstümmelt, ebenso ist der rechte Vorderarm Mariens an seinem unteren Theile und die Hüfte des Jesuskindes behauen, um den Prachtgewändern, womit die Figuren im 18. Jahrhundert bekleidet wurden, mehr Raum zu verschaffen. hch.: 1,13 m; br.: 0,43 m; tief: 0,28 m. — Zweite Hälfte des 13. Jahrhunderts, jedoch vor 1285.

Das Bildwerk war ursprünglich mit den folgenden Apostelfiguren zusammen vermuthlich an den steinernen Chorschranken der Abteikirche von Wessobrunn aufgestellt.

cf. Coelestin Leutner, Historia Wessofontana, p. 491 sg.; cf. 285. Seit der Säkularisation befand es sich zuerst in der Pfarrkirche, dann in der St. Antoniuskapelle in Hofstetten bei Landsberg. — Abb. Taf. IV. —

882 Part. r. S. I.

125. Sitzbild von Steingadener Sandstein, Apostel; der Kopf fehlt, die linke Hand hält ein auf das Knie gestütztes Buch; der rechte Arm ist am Ellbogen abgebrochen; am Obergewande violette Farbspuren. hch.: 0,78 m; br.: 0,485 m; tief: 0,52 m. — Im Pfarrgarten zu Wessobrunn auf dem Grunde des ehemal. Klosters ausgegraben. 15. Jahrhundert.

120. Part. r. S I.

126. Desgleichen; der Kopf ist aufgesetzt; Hände und Attribute fehlen; Farbspuren an Kopf, Gewand und Thron. hch.: 1,045 m; br.: 0,49 m; tief: 0,335 m.

122. Part. r. S. I.

127. Desgleichen; der Kopf ist aufgesetzt, der rechte Vorderarm und das Attribut (Buch?) in der linken Hand fehlen. hch.: 1,02 m; br.: 0,485 m; tief: 0,52 m.

125. Part. r. S. I.

128. Desgl.; der Kopf ist aufgesetzt; die Hände fehlen; Farbspuren am Obergewand roth, am Leibrock grau, am Throne gelb und roth. hch.: 1,02 m; br.: 0,45 m; tief: 0,30 m. — Abb. Taf. IV.

124. Part. r. S. I.

129. Desgl.; der Kopf ist aufgesetzt; die linke Hand fehlt; ohne Attribut. Farbreste an Haar, Bart und Augen schwarz, am Nacken röthlich, am Obergewand roth, am Leibrock gelb. hch.: 1,00 m; br.: 0,47 m; tief: 0,38 m.

125. Part. r. S. I.

130. Desgl.; ohne Kopf, Hals, rechten Arm und linke Hand; der Saum des Obergewandes bildet auf dem Schoße eine spiralförmige Falte. Farbreste am Leibrock roth, am Throne gelb und roth. hch.: 0,86 m; br.: 0,45 m; tief: 0,33 m. — Abb. Taf. IV.

126. Part. r. S. I.

131. Desgl.; ohne Kopf, Hals und Hände. Das Obergewand ist auf dem linken Schenkel in concentrische Falten gelegt; Farbreste an Gewand und Thron. hch.: 0,85 m; br.: 0,46 m; tief: 0,33 m.

127. Part. r. S. I.

132. Desgl.; Kopf und Hals fehlen; die rechte Seite des Oberkörpers ist sehr beschädigt. Farbreste am Obergewand schwarz, am Leibrock roth, am Throne gelb und roth. hch.: 0,80 m; br.: 0,47 m; tief: 0,34 m.

128. Part. r. S. I.

133. Desgl.; Kopf, Hals, linke Schulter nebst Arm, sowie die auf die Brust gelegte rechte Hand fehlen. Farbreste am Obergewand schwärzlich, am Leibrock gelb. hch.: 0,87 m; br.: 0.45 m; tief: 0,33 m.

129. Part. r. S. I.

134. Desgl.; der Kopf, ein Theil des linken Oberkörpers und die rechte Hand fehlen. Farbreste an den Gewändern gelb und roth. hch.: 0,80 m; br.: 0,45 m; tf.: 0,27 m.

130. Part. r. S. I.

135. Desgl.; nur bis zu den Hüften erhalten. hch.: 0,57 m; br.: 0,48 m; tief: 0,28 m.

131. Part. r. S. I.

136. Fragment von Sandstein, aus Wessobrunn. Stück eines bekleideten Armes von einem der Apostelsitzbilder. lg.: 0,21 m; br.: 0,165 m.

87. Part. r. S. I.

137. Fragment von Steingadener Sandstein, zu den Wessobrunner Sitzbildern gehörig. Linke Hand, ein Buch haltend. lg.: 0,18 m; br.: 0,12 m. Farbspuren: Buch-deckel: schwarz; Schnitt: gelb; Hand: röthlich. — Abb. Taf. V.

876. Part. r. S. I.

138. Sitzbild, weibliche Gewandfigur, von Steingadener Sandstein. Vielfach verstümmelt; es fehlen: der Kopf, der größere Theil des linken Armes, der rechte Vorderarm. Die linke Hand liegt mitten auf der Brust und faßt das Band, welches das Obergewand über den Schultern zusammenhält. Die rechte Hand liegt auf dem rechten Knie und hielt wohl einst ein nun fehlendes Attribut. Das Obergewand zeigt schwarze Farbspuren. hch.: 0,885 m; br.: 0,45 m; tf.: 0,30 m. — 13. Jahrhundert. Aus Wessobrunn.

119. Part. r. S. I.

139. Sitzbild, weibliche Gewandfigur, von Steingadener Sandstein. Vielfach verstümmelt; es fehlen: Kopf und Hals, Arme und Hände größtentheils. Haltung der Hände wie bei Nr. 138. Das Obergewand zeigt rothe Farbspuren, das Kleid graue; der Gürtel ist schwarz. hch.: 0,91 m; br.: 0,52 m; tief: 0,33 m. — 13. Jahrhundert. Aus Wessobrunn.

121. Part. r. S. I.

140. Bruchstück einer stehenden Gewandfigur, Sandstein. Untertheil von den Füßen bis zu den Knieen; weiblich. Die Rückseite ist abgerundet, doch ohne plastische Bearbeitung. hch.: 0,565 m; br.: 0,35 m; tf.: 0,22 m. — 13. Jahrhundert. Aus Wessobrunn.

132. Part. r. S. I.

141. Kopf mit verbundenen Augen, Fragment einer Statue der Synagoge; Steingadener Sandstein. (Gesichtslänge: 0,135 m. — 13. Jahrhundert. Aus Wessobrunn. — Abb. Taf. IV.

117. Part. r. S. I.

142. Sandsteinblock mit einem in Hochrelief gearbeiteten menschlichen Angesicht von fast kreisförmigem Umrisse ohne Hals. hch.: 0,22 m; br.: 0,16 m; tf.: 0,24 m. — 13. Jahrhundert. Aus Wessobrunn. — Abb. Taf. V.

156. Part. r. S. I.

143. Eckstein einer Brüstung oder dergl. mit der Figur eines schwebenden Engels in Hochrelief. Der Engel hält im linken Arme ein Kreuz, auf welches er mit der rechten Hand deutet; die unter dem Gewande nur wenig hervortretenden Füße sind beschädigt; der sich flach an die Nebenseite des Ecksteins legende rechte Flügel ist an seinem Gelenke mit einer Spiralform verziert. hch.: 0,87 m; br.: 0,44 m: tf.: 0,37 m. Aus Wessobrunn; völlig stilverwandt mit den Apostelfiguren. — Abb. Taf. V.

140. Part. r. S. I.

144. Kopf eines Engels, Fragment, Hochrelief. Vom Hinterkopf erstreckt sich gegen die rechte Wange hin der rechtwinklige Ansatz eines Quaders. Pendant zu Nr. 143. Maße des Kopfes: vom Kinn zum Wirbel: 0,17 m; vom Kinn zum Scheitel: 0,125 m. — Abb. Taf. V.

133. Part. r. S. I.

145. Bärtiger Kopf; Fragment; an der Rückseite ehemals mit einer Wand oder einem anderen Bautheile verbunden. Die Augen sind nur oberflächlich gemeißelt. Geringe Reste eines Stucküberzugs als Grund der einstigen Bemalung hch.: 0,25 m; br.: 0,17 m; tf.: 0,20 m. — Aus Wessobrunn? 13. Jahrhundert.

162. Part. r. S. I.

III. Bildwerke von Holz.

146. Sißbild der Maria mit dem Jesuskinde, Lindenholz; zahlreiche Reste der ursprünglichen farbigen Fassung gemischt mit späteren. Beide Figuren sind bekrönt; über Schultern und Brust der Maria fallen lange Zöpfe herab; die rechte Hand ist abgebrochen; die Gewandfalten sind schematisch und flach. Das Jesuskind hält mit der linken Hand ein Buch und erhebt die rechte lehrend. Höhe: 0,82 m. — Anfang des 13. Jahrhunderts. — Abb. Taf. V.

2. Part. r. S. I.

147. Standbild der Maria von der Kreuzesgruppe in der Kirche in Altenstadt bei Schongau. — Maria hält die gefalteten Hände an die linke Wange; der Schleier fällt in gewellten Zickzackfalten auf die Schultern herab; die Gewandfalten sind nur ganz flach ausgearbeitet. Der Rumpf reicht bis unterhalb der Kniee; die übrigen Theile fehlen, ebenso die aus einer Schwarte besonders geschnittene rechte Körperseite. Reste der ursprünglichen farbigen Fassung sind unter späterer Uebermalung erhalten. Hch. 1,89 m. Gegen oder nach Mitte des 13. Jahrhunderts. — Abb. Taf. III. —

Vgl. J. B. Anderl jun., Photographische Aufnahme der Kirche in Altenstadt, Taf. 12.

293. Part. r. S. I.

148. Standbild des h. Johannes von der Kreuzesgruppe ebendaselbst. — Er hält die rechte Hand an die rechte Wange des sinnend vorgeneigten, sonst ausdruckslosen und roh behandelten Kopfes; das Haupthaar ist aus spiralförmigen Locken gebildet. Die linke Hand nimmt das Obergewand in der Schoßgegend auf. Der Faltenwurf, im Ganzen unfrei, zeigt in der Partie über der linken Brustseite eine ungleich fortgeschrittenere plastische Entwickelung. — Die Figur ist, wie die vorige, aus drei Stücken von Lindenholz zusammengesetzt. Höhe: 1,85 m. Die farbige Fassung ist nur theilweise ursprünglich, das Gewand grün und roth. Gegen oder nach Mitte des 13. Jahrh. — Abb. Taf. III. — vgl.: J. Anderl jun. a. a. O.

292. Part. r. S. I.

149. Sißbild der Maria mit dem Jesuskinde auf dem linken Arme, dem sie ihre linke Brust reicht; das Kind, dessen linker Arm fehlt, erhebt den rechten gegen das Antlitz der Mutter. Die Krone Mariens ist beschädigt, der Faltenwurf des Gewandes noch streng; die Körperverhältnisse sind fehlerhaft; die farbige Fassung ist entfernt, der Rücken hohl. Lindenholz. Hch.: 0,55 m. — Zweite Hälfte des 13. Jahrhunderts.

870. Part. r. S. I.

130. Crucifix, Christus, nach dem älteren Typus, mit nebeneinander aufgenagelten Füßen und dem Lendenrocke auf braungebeiztem Kreuze; über dem Haupte mit späterer Dornenkrone von Reisern der Schriftzettel. Figur hch.: 1,56 m; Spannung der Arme: 1,57 m. — 13. Jahrhundert.

291. Part. r. S. I.

131. Desgleichen, älterer Typus, mit Lendenrock; am braungebeizten Kreuze ist über dem Haupte der Schriftzettel angeheftet. Figur hch.: 1,05 m; Spannung der Arme: 0,91 m. — 13. Jahrhundert.

6. Part. r. S. 1.

152. Desgleichen, älterer Typus; das ziemlich roh geschnitzte Haupt trägt eine Dornenkrone (späteren Ursprungs?); die beste Modellirung zeigen die Arme; Lendenrock schematisch gefaltet; übermalt. Das braun gebeizte Kreuz ist neu. Figur hch.: 1,92 m; Spannung der Arme: 1,85 m. — 13. Jahrhundert.

192. Part. r. S. I.

153. Desgleichen, älterer Typus, der Kopf wohl in späterer Zeit überarbeitet und mit Dornenkrone und durch Schnüre gebildeten Locken versehen; der weiße Lenden= rock ist braun gerändert und geblümt. Am unteren Theile des Kreuzstammes sind die Jahreszahlen 1575, 1644, 1687, 18 . . . angeschrieben. Figur hch.: 1,95 m; Spannung der Arme: 2,0 m. — Im Rücken der Figur befindet sich eine Vertiefung, welche eine Reliquienkapsel und ein Blutfläschchen enthielt. — Aus Bamberg (Stiftskirche St. Jakob?). 13. Jahrhundert.

193. Part. r. S. I.

154. Desgleichen; Mischung des älteren und des späteren Typus, beide Füße nur von einem Nagel durchbohrt, aber auf dem Suppedaneum ruhend; der lange Lendenrock innen blau, außen roth bemalt; die Arme sind horizontal gespannt, die Beine gerade gestreckt. Das Kreuz ist neu. Figur hch.: 1,90 m; Spannweite der Arme: 1,78 m. — Aus einer Landkirche in Schwaben. — Zweite Hälfte des 13. Jahrhunderts.

50. Part. r. S. I.

155. Standbild von Lindenholz; Maria, im Gebete stehend. Die Hände fehlen; das Haupthaar ist leicht gewellt, der Faltenwurf schlicht, die Körperhaltung aufrecht. Bemalt. Von einer Kreuzesgruppe. hch.: 1,05 m. — 13. Jahrhundert.

5. Part. r. S. I.

156. Sitzbild, Selbdritt; Mutter Anna, thronend, trägt auf dem rechten Beine die h. Maria in kleinerer, ganz ähnlicher Gestalt, welche ihrerseits auf dem linken Beine das Christuskind trägt und ihm ihre linke Brust reicht. Die Haltung der Figuren ist starr und typisch, der Faltenwurf schematisch, aber wie auch das Haupthaar leicht bewegt. Die Kopfbedeckung beider Frauen bilden Blöcke, woran wohl ursprünglich Metallkronen befestigt waren. Die farbige Fassung ist sehr beschädigt. hch.: 0,99 m. — Spätzeit des 13. Jahrhunderts. — Abb. Taf. V.

5. Part. r. S. I.

2*

IV. Schnitzwerke von Elfenbein, Nashorn, Walroß- und Narwalzahn.

Unter den an Alter und Kunstwerth hervorragenden Stücken dieser Gruppe rühren die meisten aus der Sammlung des Professors M. J. von Reider in Bamberg her, welche im Jahre 1859 in den Besitz des bayer. Nationalmuseums überging und mit ihrem Bestande von mehr als 500 Nummern allen Abtheilungen dieser Anstalt eine um so schätzenswerthere Bereicherung zuführte, als die Gegenstände sämmtlich aus Bayern und vorzugsweise aus Bamberg stammen. Martin Joseph von Reider, ebensosehr von Kunsteifer wie von Vaterlandsliebe und Sinn für die Geschichte seiner Heimath erfüllt, trachtete schon frühzeitig und namentlich seit seiner Ernennung zum Zeichenlehrer an der Feiertagsschule seiner Vaterstadt Bamberg im Jahre 1824, von den in Folge der Ereignisse um den Beginn dieses Jahrhunderts vielfach der Entfremdung, Verschleuderung und Vernichtung anheimgefallenen Schätzen kirchlicher Kunst so viel zu retten, als ihm seine bescheidenen Mittel — öfters freilich nicht ohne Entsagungen an der eigenen Person — gestatteten. Begünstigt durch den damaligen niedrigen Stand der Preise gelang es ihm so, einen Schatz von Kunstwerken in seinem Besitze zu vereinen, wie er von gleichem Werthe nur selten in den Händen Privater anzutreffen ist. Der leitende Gedanke bei der Anlage dieser Sammlung stand im Zusammenhange mit den literarischen Plänen von Reiders, welche sich vor Allem auf die Geschichte und Kunstgeschichte seiner Vaterstadt bezogen, jedoch nur zum geringsten Theile zur Ausführung gelangten. Er trug sich mit dem Plane einer „Geschichte und Beschreibung des Domes zu Bamberg"; ihr sollte eine „Geschichte und topographisch-artistische Beschreibung der Stadt Bamberg" und ein „Verzeichniß der Bücher über Bambergs Geschichte" folgen; ein ferneres bibliographisches Unternehmen hatte ein möglichst vollständiges Verzeichniß der „Literatur der Werke und Abbildungen altdeutscher Baukunst" zum Ziele; hievon erschien eine erste Probe in dem Programme der kgl. Landwirthschafts- und Gewerbschule I. Classe in Bamberg am Schlusse des Studienjahres 1840/41, eine zweite 1847; außer seiner Betheiligung an dem Buche über „Leben und Werke der Künstler Bambergs" von H. J. Jäck, J. Heller und M. von Reider, II. Theil, 1825, fand jedoch keiner seiner publicistischen Pläne die Verwirklichung. Als er im Sommer 1860 durch die erfolgte Veräußerung seiner Kunst- und Alterthümer-Sammlung an den bayerischen Staat mit der wohlverdienten Muße auch neuen Muth zur Verfolgung und Ausführung seiner lange gehegten schriftstellerischen Pläne gewonnen hatte, schnitt der Tod früher, als er und Andere es erwarteten, alles Weitere ab; er starb in München am 5. Februar 1862. — Die gleiche Vaterlandsliebe, welche ihn bei seiner Thätigkeit als Sammler wie in seinen geschichtlichen Studien leitete, bewährte M. J. von Reider auch, als er sich mit dem Gedanken der Veräußerung seiner Sammlung vertraut machen mußte; manche vortheilhafte, von Außen kommende Anerbietungen wies er ab; die gesammelten Schätze sollten dem Lande verbleiben, dessen künstlerische Vergangenheit und dessen Geschichte sie bezeugen, und wiederholt klingt aus seinen späteren Aeußerungen die Freude, daß das Ziel erreicht wurde.

157. Die drei Marien am Grabe und die Himmelfahrt Christi. Halbrelief von Elfenbein. Rechteckige Tafel, hch.: 0,\87 m; br.: 0,\\7 m. Die drei Frauen schreiten von rechts her gegen das Grab, welches die Form eines thurmartigen antiken Gebäudes besitzt; der vor der Thüre sitzende Engel ertheilt den Frauen Auskunft; auf dem Oel-baume, welcher sich über dem Grabe erhebt, sitzen zwei an den Früchten pickende Vögel. Rechts steigt eine felsige Anhöhe empor, auf welcher der auferstandene Christus mit kreisförmigem Nimbus, in der linken Hand eine Schriftrolle haltend, hinanschreitet, mit der rechten Hand die ihm aus den Wolken sich entgegenstreckende Dextera Dei ergreifend; am Felsabhange liegen zwei männliche Gestalten, die eine schlummernd, die andere zu ihm emporblickend. — 5. Jahrhundert. — Abb. Taf. VI.

Aus der von Reider'schen Sammlung in Bamberg. — vgl. Kunstschätze a. d. b. Nationalmuf., Bl. \62. — W. Weingärtner, Die Kunstdenkm. d. altchristl. u. röm. Periode im k. Nationalmuseum zu München, Mitth. d. k. k. Central-Comm., Wien \86\. S. \\0. — J. A. Meßmer, Die älteste bildliche Darstellung der heil. Grabkapelle. a. a. O. \862. S. 85.

307. Part. r. S. I.

158. Salvator mundi; Flachrelief; Elfenbein. Christus, unbärtig, mit dem Kreuz-nimbus, ein Buch mit der linken Hand haltend, die rechte in lehrender Geberde erhebend, thront in der von 4 schwebenden Engeln getragenen Mandorla; unter dieser ein grie-chisches Kreuz. Rohe Arbeit aus Tirol. hch.: 0,\02 m; br.: 0,098 m. — \0. bis \2. Jahrhundert. — Abb. Taf. VII.

872. Part. r. S. I.

159. Christus, Maria und Johannes Bapt., Elfenbeintafel mit aufgelegten Relieffiguren. — In der Mitte steht Christus auf reich verziertem Schemel, mit dem Kreuznimbus um das bärtige Haupt, mit der linken Hand das Buch des Lebens haltend, die übergroße rechte in lehrender Geberde erhebend; links etwas tiefer steht Johannes der Täufer mit leicht geneigtem Haupte gegen Christus gewandt und beide Hände erhebend, von welchen die rechte jedoch abgebrochen ist; in gleicher Haltung steht rechts Maria. — Die auf der Unterlagsplatte eingegrabenen Namensinschriften der Figuren in griechischer Majuskel sind nicht völlig korrekt. Der Stil der Figuren ist schlicht und streng byzantinisch. hch.: 0,\77 m; br.: 0,\24 m. — \0. bis \2. Jahrhundert? — Abb. Taf. VI. — vgl. Kunstschätze aus d. b. Nat.-Muf., Bl. 274.

740. Part. r. S. I.

160. Kreuzigung und Auferstehung Christi, in zwei Feldern übereinander dar-gestellt; Hochrelief; Elfenbein. — Oberes Feld: Christus am Kreuze, bärtig, mit Kreuz-nimbus und Lendenschurz, die Füße nebeneinander auf dem Suppedaneum, unter welchem eine Schlange den Kreuzesstamm umschlingt. Links vom Kreuze Longinus und Maria, rechts Stephaton und Johannes; weiter unten zu Füßen des Kreuzes die symbolischen Gestalten von Erde und Wasser, über den Kreuzarmen Sol und Luna. Unteres Feld: Die drei Marien schreiten von rechts her aus der Stadt gegen das Grab Jesu, vor dessen Thüre der Engel sitzt, der ihnen die geschehene Auferstehung verkündet; über dem thurmartigen Grabesbau liegen drei schlafende Wächter. Das Ganze wird von einem

Akanthusleisten umrahmt. hch.: 0,22 m; br : 0,102 m. — 10. bis 12. Jahrhundert? — Abb. Taf. VII. — vgl. Kunstschätze aus dem bayer. Nat.-M. Bl. 166. Abgeb. und bespr. in den Mélanges d'archéol. t. II. 1851. pl. VIII. p. 39 sqq.

738. Part. r. S. I.

161. Elfenbeintafel mit dem Hochrelief des Salvator mundi nebst den hh. Petrus und Paulus. Der Salvator, bartlos, mit dem Kreuznimbus, die rechte Hand lehrend erhoben, mit der linken das geöffnete Buch des Lebens emporhaltend, thront im oberen Theile der Bildfläche. Unter ihm steht links in kleinerer Gestalt der h. Petrus, die offene linke Hand erhebend, mit der rechten die von Blei ergänzten Schlüssel haltend; rechts der h. Paulus, die geöffnete rechte Hand erhebend, in der linken ein Buch haltend. Die Umrahmung bildet an allen vier Seiten ein Perlstab, an welchen sich an den drei oberen Seiten noch ein Akanthusleisten anschließt. hch.: 0,172 m; br.: 0,112 m. — Abendländische Arbeit. Um 1100. — Abb. Taf. VI.

Aus der v. Reider'schen Sammlung. — vgl. Kunstschätze a. d. b. Nationalmus., Bl. 274. — W. Weingärtner in den Mitth. d. k. k. Central-Comm., 1861. S. 114.

757. Part. r. S. I.

162. Maria als alma mater, Halbrelief, Buchdeckeleinlage von Elfenbein. — In der Mitte des vertieften, von einem glatten rechteckigen Leisten umgebenen Feldes steht Maria in übermäßig langer Gestalt, den Scheibennimbus um das kleine Haupt, auf dem linken Arme das Jesuskind tragend, welches in der linken Hand eine Schriftrolle trägt und die rechte lehrend erhebt. In gleicher Schulterhöhe schwebt zu beiden Seiten die Halbfigur eines Engels. Links unten zu Füßen Marias liegt eine männliche Figur auf dem Boden, ihren rechten Fuß ergreifend und küssend. hch.: 0,133 m; br.: 0,117 m. Byzantinische Arbeit? 11. bis 12. Jahrhundert. — Abb. Taf. VII.

741. Part. r. S. I.

163. Die Geburt Christi, Hochrelief von Elfenbein. Zwei ungleiche Säulen-arkaden mit Thürmchen über den Säulen umschließen die Darstellung; in der linken, weiteren Bogenstellung ruht Maria im Bette; in einem über ihr an der Archivolte hängenden Tuche erscheinen zwei Engelchen; in der rechten Bogenstellung steht die Krippe mit dem Jesuskinde, darüber Ochs und Esel; zu Füßen sitzt Joseph auf einem Klappstuhle. hch.: 0,093 m; br.: 0,133 m. — 12. Jahrhundert. Aus der v. Reider'schen Sammlung. — Abb. Taf. VII. — vgl.: W. Weingärtner a. a. O.

742. Part. r. S. I

164. Ober- oder Langseitentheil eines Reliquienschreines. Flachrelief von Elfen-bein. In der Mitte steht Christus, unbärtig, beide Hände erhebend; zu beiden Seiten je ein Leuchter und je zwei Medaillons, welche die Evangelistenzeichen enthalten, zu äußerst je sechs Apostelfiguren in zwei Reihen übereinander, die obere Reihe mit ganzen, die untere mit Halbfiguren. Die Umrahmung bildet ein gegen innen von einem Perl-stabe, außen von einem Blattleisten umsäumter Rankenfries mit Thierfiguren. lg.: 0,307 m; br.: 0,108 m. — Abendländische Arbeit. 12. Jahrhundert. — Abb. Taf. VI. — vgl.: Mélanges nouveaux d'archéologie von Cahier et Martin, 1874, p. 53.

759. Part. r. S. I.

165. Taufgefäß, cylindrischer Becher von Elfenbein mit Halbreliefschnitzerei, welche über einem breiten Rankenfriese drei Jagd- und Kampfscenen darstellt, nämlich einen Hirsch, von zwei Hunden und einem des Hiefhorn blasenden Manne verfolgt, zwei sich gegen einander bäumende Löwen, und zwei, durch eine Säule getrennte, einander mit Keule und Schild bekämpfende Männer. — Ursprünglich wohl Mündungs-theil eines Jagdhornes. Der Boden fehlt; die Fassung besteht aus einem Reife von vergoldetem Kupfer am oberen und unteren Rande mit folgenden Inschriften in der Majuskelform des 12. Jahrhunderts: (oben:) Fudit aquam templi pars dextera forma futuri Exprimit hoc quod aquam $\overline{\text{XPI}}$ pars dextera fudit. (unten:) Dextera pars $\overline{\text{XPI}}$ deus est aqua $\overline{\text{SPS}}$ eius Omnis ab hac infusus aqua salvatur in ipsa (vgl. I. Kge. VII, 39; II. Chron. IV, 10). — Dchm.: oben: 0,117 m : 0,104 m; unten: 0,112 m : 0,97 m; hch.: 0,097 m. — 11. bis 12. Jahrhundert. Aus der v. Reider'schen Sammlung. — Abb. Taf. XV. — vgl.: Weingärtner a. a. O. — H. Otte, Handbuch der Kunst-archäologie, 5. Aufl. 1883. I. S. 322.

510. Part. r. S. I.

166 bis **173.** Acht Täfelchen von Walroßzahn mit Halbreliefschnitzerei, Apostel und Heilige darstellend. Bestandtheile eines Reliquienschreines, Retabulum oder dgl. hch.: 0,061 m; br.: 0,022 m. — Aus Würzburg. 12. Jahrhundert.

748 bis 755. Part. r. S. I.

166. Männliche Gestalt, bartlos, mit Nimbus, die rechte Hand erhebend, in der linken ein Buch haltend. — Abb. Taf. VIII.

167. Desgleichen. — Abb. Taf. VII.

168. Weibliche Figur mit Nimbus und Kopftuch oder Schleier, die linke Hand an die Wange legend, die rechte erhebend. — Abb. Taf. VII.

169. St. Petrus, unbärtig, in der rechten Hand die Schlüssel haltend, deren Bärte durch Buchstaben gebildet werden; die offene linke Hand ist erhoben. — Abb. Taf. VIII.

170. Weibliche Figur, ohne Nimbus, die beiden geöffneten Hände erhebend. — Abb. Taf. VII.

171. Männliche Figur, bartlos, mit Nimbus, in der linken Hand ein Buch haltend, die offene rechte erhebend. — Abb. Taf. VII.

172. Desgl., bärtig, in der rechten Hand ein Buch haltend, die offene linke erhebend; St. Paulus? — Abb. Taf. VIII.

173. Desgl., ohne Bart, in der linken Hand ein Buch haltend, die offene rechte erhebend. — Abb. Taf. VIII.

174 bis **176.** Drei Elfenbeintafeln mit Reliefschnitzerei, Bruchstücke eines Reliquienschreines, in der Ueberlieferung dem Besitze der h. Kunigunde zugeschrieben. Früher im Domschatze zu Bamberg. Aus der v. Reider'schen Sammlung. — Spätzeit des 12. Jahrhunderts. Vollkommen gleichartig mit den Elfenbeinschnitzereien des auf Geheiß der Aebtissin Agnes gegen Ende des 12. Jahrhunderts angefertigten Reliquiars im Zitter der Stiftskirche zu Quedlinburg. — s. Kunstschätze a. d. b. Nat.-M. Bl. 169.

743 bis 745. Part. r. S. I.

174. Vorderseite des Schreines mit figürlichen Darstellungen in architektonischer Umrahmung. Letztere besteht aus vier, abwechselnd von Säulen und Pfeilern mit attischen Basen und korinthisirenden Kapitälen getragenen Rundbögen; über die Kapitäle ist ein Balken gelegt, woran Vela hängen, deren Enden um die Säulen= und Pfeilerschäfte geschlungen sind. Jedes Interkolumnium enthält eine stehende Apostelfigur, der erste von links ohne Bart, alle mit dem Scheibennimbus, als einziges Attribut eine Schriftrolle in der linken Hand haltend, in mannigfach bewegten Stellungen. Die Nimben, die Schriftrollen der beiden mittleren Figuren, die Basen und Kapitäle sind mit Löchern zur Befestigung von vergoldetem Metallbeschläge versehen, wovon die Basis der Mittelsäule noch einen Rest aufweist. In den Bogenfeldern sind in Hochrelief die Zeichen des Thierkreises: Zwillinge, Krebs, Löwe und Jung=frau dargestellt. Jeden Bogen umgibt ein koilanaglyph geschnittener Perl=stab mit Resten eingeriebener rother Farbe; über jedem Kapitäl steigen zwei von einer Schlange umwundene Aeste auf, mit einer Blume endend, welche eine reichere Blume über jedem Bogenscheitel flankiren; gleiche Blumen bilden auch die Verzierung an den drei anderen Rändern der Tafel; sie sind mit runden und mandelförmigen Vertiefungen zur Aufnahme farbiger Steine oder Gläser versehen; die punktirten Linien, welche die Umrisse einzelner Blumen begleiten, zeigen Reste eingeriebener rother Farbe. Zwischen jeder Gruppe von drei Blumen befinden sich je zwei Löcher nebeneinander, wohl zur Befestigung von Steinen in Metallfassung. — Die Außenränder der Schmalseiten sind mit leicht vertieften Kreis= und Rautenformen verziert, welche von vertieften Punkten mit Spuren eingeriebener rother und blauer Farbe umgeben sind. Der obere Rand der Schauseite enthält das Schlüssel=loch. lg.: 0,235 m; hch.: 0,117 m; stark: 0,005 m. — Abb. Taf. VIII.

175. Aehnliche Tafel, von der Rückseite desselben Reliquiars, mit den Zeichen des Thierkreises, Schütze, Steinbock, Wassermann und Fische. Die Basen und Kapitäle, die Nimben der Apostel und ihre Schriftrollen sind hier ohne Spuren von Metallbeschlägen. An den die Bögen umgebenden Perlstäben mehrfach Reste eingeriebener rother Farbe. Der obere und die beiden Seitenränder sind beschnitten; der untere Theil der Tafel ist weggebrochen. lg.: 0,218 m; hch.: 0,07 m—0,09 m; stark: 0,006 m. — Abb. Taf. VIII.

176. Aehnliche Tafel, von einer Schmalseite desselben Reliquiars, mit zwei Aposteln und den beiden Zeichen des Thierkreises Widder und Stier. Zwischen den beiden Bögen und an deren Außenseiten befinden sich Löcher zur Befestigung von Steinen. Die Randverzierung besteht aus einem eingravirten antiki=sirenden Blattleisten, welcher wie auch die, die beiden Arkadenbögen um=gebenden Perlstäbe, Reste eingeriebener rother Farbe enthält. Der obere Rand ist beschnitten, der untere weggebrochen. hch.: 0,084 m; br.: 0,10 m st.: 0,006 m. — Abb. Taf. VIII.

Die der anderen Schmalseite zugehörige Tafel befindet sich in den kgl. Museen zu Berlin, Abtheilung der Bildwerke der christlichen Epoche, Nr. 464. Ein Gypsabguß hievon befindet sich im bayer. Nationalmuseum Part. r. S. I. Nr. 756.

177. Evangelistenzeichen des Lukas, Hochrelief, Besatzstück eines Buchdeckels oder Retabels; Walroßzahn. Der geflügelte Stier mit rückwärts gewandtem Kopfe, von einem kreisförmigen Ornamentbande umgeben, auf quadratischem Plättchen. Quadratseite: 0,04 m; stark: 0,011 m. — 12. bis 13. Jahrhundert. — Abb. Taf. VIII.

746. Part. r. S. I.

178. Dambrettstein aus Narwalzahn geschnitzt, Hochrelief. — Beiderseits eines Mannes, welcher mit den Armen einen Hasen emporhält, bäumt sich ein Hund auf. Das Bild wird von einem romanischen Ornamentbande umrahmt. Auf dem Grunde und am Rande finden sich Reste von blauer Farbe. An der Außenseite des Randes ist die Umschrift eingravirt: Venator tollit. hic lepore. Dchm.: 0,056 m; st.: 0,011 m. — 12. bis 13. Jahrhundert. — Abb. Taf. VIII.

822. Part. r. S. I.

179. Schachfigur von Elfenbein; Bischof, mit Inful, Pluviale und Pallium angethan, zu Pferde sitzend; auf seiner rechten Seite trägt ein Kleriker das Kreuz, an seiner Linken steht ein in einem Buche lesender Kleriker und drei eben solche von kleineren Maßen stehen vor dem Pferde; diese ganze Gruppe wird zu ihren Füßen von 14 ringsum stehenden Armbrustschützen umgeben. Auf der Bodenfläche ist, jedenfalls von späterer Hand, der Name Willigisus (des Mainzer Erzbischofs?) eingegraben. hch.: 0,135 m; lg.: 0,072 m; br.: 0,058 m. — 13. bis 14. Jahrhundert. — Abb. Taf. XV.

880. Part. r. S. I.

180. Schachfigur, Ritter zu Pferde (Springer), Fragment von Nashornbein. Der Ritter ist mit dem Schuppenpanzer und verziertem Rundschild ausgerüstet; die Waffe in der erhobenen rechten Hand fehlt, ebenso der Kopf. Die viereckige Fußplatte ist am äußeren Rande mit einem Diamantleisten verziert. hch.: 0,053 m; lg.: 0,044 m; br.: 0,05 m. — 13. bis 14. Jahrhundert. — Abb. Taf. XV.

509. Part. r. S. I.

181. Griff eines Messers oder einer Gabel, von Walroßzahn geschnitzt; über drei mit dem Rücken aneinander gelehnten weiblichen Figuren, deren eine mit der linken Hand einen Falken, in der rechten einen Anker hält, eine zweite auf dem linken Arme ein Kind trägt, während sich zu ihren Füßen zwei Kindergestalten an sie klammern, — die dritte eine Waage in der linken Hand hält, kauert ein Löwe. lg.: 0,28 m; größte Stärke: 0,025 m. — Nordischen Ursprungs.

747. Part. r. S. I.

V. Metallarbeiten und Emails.

182. Weibliche Halbfigur auf viereckigem Sockel, Hohlguß von Bronze, ciselirt. hch.: 0,16 m; Sockel br.: 0,08 m; tf.: 0,065 m; hch.: 0,025 m. — Wohl eine spät-römische Augusta mit Diadem und in der toga picta, die rechte Hand vor der Brust in der Geberde der Versicherung erhebend, in der linken eine mappa haltend. Spuren von Bleiausguß im Innern und der kräftige Ring über dem Scheitel deuten auf die Bestimmung als Gewichtstein. — Aus Italien? 5. bis 6. Jahrh. — Abb. Taf. IX.

878. Part. r. S. I.

183. Figurine von Bronze; mit Ausnahme eines Lendenrockes mit senkrechten Falten ohne Bekleidung; die Arme sind nach vorne gestreckt; Hände fehlen. Am Rücken befindet sich ein Ring zum Auf- oder Anhängen. Rohe Arbeit. Am Rücken, über dem Ring, ist noch ein Rest ehemaliger Vergoldung. Höhe: 0,067 m.

701. Part. r. S. I.

184. Thierfigurine von Bronze mit einem Ring am Rücken; auf dem Kopfe ist ein hornartiger Ansatz; Körper schlank mit langem Schweife. Rohe Arbeit; Votivbild. lg.: 0,044 m; hch.: 0,025 m.

704. Part. r. S. I.

185. Thiergestalt von Bronze; Stier; die Spitze des rechten Hornes trägt einen runden Knopf; das linke Horn ist beschädigt. Die Füße resp. Hufe sind nicht aus-gebildet. Rohe Arbeit. Votivgegenstand? Höhe: 0,100 m; Länge: 0,075 m.

315. Part. r. S. I.

186. Bronzefigürchen, kauernder Löwe; ein kurzer Stift mitten auf dem Rücken deutet auf die Bestimmung als Fuß eines Reliquiariums od. dergl. Am Hintertheil ist ein verstümmelter Ansatz, vielleicht von einer ähnlichen Thiergestalt, vorhanden; am Bauche befindet sich ein kleines rundes Loch zur Befestigung auf einer Basisplatte. Rohe Gußarbeit. lg.: 0,065 m; br.: 0,022 m; hch.: 0,038 m. — 12. Jahrhundert.

533. Part. r. S. I.

187. Figürchen, stehender Löwe, von Eisen. Der Kopf ist links gewendet, der Schweif zwischen den Hinterbeinen eingezogen. Die Mähne ist durch breite, spitze Locken angedeutet. Als Basis dient ein (wohl nicht ursprünglich) an den Füßen befestigtes Eisenplättchen. Im Ganzen rohe, in Einzelheiten nicht ungeschickte Arbeit. lg.: 0,065 m; br.: 0,023 m; hch.: 0,045 m. — 12. bis 13. Jahrhundert? — Geschenk des Herrn Alb. von Hirsch, München.

352. Part. r. S. I.

188. Emailplatte in Medaillonform mit der Darstellung eines Cherub mit Scepter und Weltkugel, die Figur emaillirt, der Grund von Gold. Es sind zwei Goldplatten von convexer Biegung auf einander gelöthet, deren obere nach den Umrissen der Figur ausgeschnitten ist, die untere aber das nach den gleichen Umrissen vertieft gestanzte Lager des Email enthält. Die innere Zeichnung der Figur ist durch aufgelöthete sehr feine Goldstäbchen bewirkt, wodurch im Ganzen sowohl Zellen= als Gruben=Schmelz entsteht. Von den Emailfarben sind weiß, blau, roth und gelb opak, braun und grün trans= lucid. Die Zeichnung ist byzantinisch, wie auch das Email wesentlich byzantinischen Charakter zeigt. Deutsche Arbeit. Diam. 0,063 m. — 11. Jahrhundert? — Abb. Taf. XIV.

311 Part. r. S. I.

189. Oelgefäß von Kupfer, ciselirt und feuervergoldet. — Vogelgestalt mit ver= stümmeltem Kopfe, Schweife und Füßen. Aus dem Rücken wächst als Henkelgriff eine Ranke, die sich gegen vorne krümmt und verzweigt. Der Schweif wird durch eine aufwärts gebogene oben offene Röhre gebildet. Beide Flügel sind mit einer großen Kreisform ornamentirt, deren Fond mit Quadraten und Sternen à diapré in Gravirung verziert ist. Länge: 0,140 m; Höhe: 0,135 m. — 1150 bis 1250. — Abb. Taf. IX. Vgl.: Becker und von Hefner, Kstw. und Geräthschaften des Mittelalt. und der Ren., III. Ffft. a/M. 1863. Taf. 7, S. 7/8. — vgl.: Dr. J. H. von Hefner=Alteneck, Trachten, Kunstw. u. Geräthsch., 2. Aufl. II. Ffft. a/M. 1881. Taf. 82, S. 6. Als Aquamanile aus der 2. Hälfte des XII. Jahrh. bezeichnet.

323. Part. r. S. I.

190. Thiergestalt, phantastisch, aus dünnem Bronzeblech in mehreren Theilen getrieben und ciselirt, feuervergoldet und emaillirt. — In der Figur sind drei animalische Typen vereinigt; der Bau der Gestalt ist der eines Vierfüßlers mit Pferdehufen; die Schuppenbedeckung des ganzen Körpers, der über das Rückgrat sich hinziehende Zackenkamm, sowie Einzelheiten der Kopfbildung sind dem Fische entlehnt; ferner deuten Löcher an den beiden Vorderblättern auf die Befestigung von, nun nicht mehr vorhandenen, Flügeln hin, wozu noch kommt, daß die in den Kniegelenken beweglichen Beine kein Stehen, sondern nur ein Hängen der Figur (Andeutung des Fluges) zulassen, wozu die beiden Drahtringchen an beiden Seiten des Leibgurtes gedient haben mögen. Der Schweif fehlt. An jedem Hinterschenkel ist ein aus Blech geschnittenes zackiges Ornament aufgeheftet, welches noch Reste von rothem und grünem Email translucide zeigt. Auch am Kopf, Hals und an der Brust finden sich solche Spuren. Höhe: 0,140 m; Länge: 0,145 m. — Ostasiatischen Ursprunges?

320. Part. r. S. I.

191. Halbfigur von Kupfer mit glatter Rückseite und zwei Löchern zur Befestigung an einem Reliquiar oder Crucifix. Ursprünglich vergoldet und emaillirt, wovon jedoch keine Reste mehr vorhanden sind. hch.: 0,059 m; br.: 0,025 m. — Limousiner Arbeit. Gegen 1200.

719. Part. r. S. I.

4*

192. Halbfigur, wie vorhin. Von der Vergoldung sind nur noch geringe Reste vorhanden; die Farben des Email sind weiß, hellblau und dunkelblau. hch.: 0,037 m; br.: 0,024 m. — Limousiner Arbeit. Gegen 1200.

720. Part. r. S. I.

193. Halbfigur, Relief von Messing; beide Hände sind auf ein quergestelltes Buch gestützt. hch.: 0,039 m; br.: 0,020 m. [Wohl Falsifikat in Nachahmung der Figürchen wie Nr. 191, 192 und an den Reliquiarien Nr. 255, 256.]

721. Part. r. S. I.

194 bis 197. Vier Figurinen, Sitzbilder, von Kupfer gegossen, ciselirt und feuer-vergoldet, die vier Elemente darstellend; Füße eines Reliquienschreines oder dgl. hch: 0,103 m; Basis br.: 0,037 m; tf: 0,062 m.

550 bis 353. Part. r. S. I

194. Die Erde, weibliche Figur, eine Schlange an der Brust nährend. An der Fußplatte ist die Inschrift in Kapitalform eingegraben: Terra stat. — Abb. Taf. XIV.

195. Das Wasser, weibliche Figur mit Schleier um das Haupt, in den Händen eine Vase haltend; Inschrift: Unda fluit. — Abb. Taf. XIV.

196. Die Luft, männliche Figur; das Attribut in den vorgestreckten Händen fehlt; Inschrift: Aer fovet. — Abb. Taf. XIV.

197. Das Feuer, männliche Figur; das Attribut fehlt. Inschrift: Ignis adurit. — Abb. Taf. XIV.

Bewegung und Geberden der Figuren sind mannigfaltig, die Verhältnisse gut, der wohl gelegte Faltenwurf der Gewänder verräth antike Einflüsse; die Ausführung ist sorgfältig. Frühzeit des 13. Jahrhunderts. — Aus der von Reider'schen Sammlung.

198. Tragaltar, Tafel von Eichenholz, mit vergoldetem und gravirtem Kupfer-blech bekleidet. Die Gravirungen der die Marmorplatte enthaltenden Oberfläche sind lediglich ornamental, Pflanzenranken und einige Thiergestalten; die untere Fläche ist mit einer einzigen vergoldeten Kupferblechtafel bekleidet, deren Gravirung aus reichem Ranken-werk besteht, welches fünf Kreisformen mit den Brustbildern Christi und der vier Cardinaltugenden umschließt. Die Umschrift des Brustbildes Christi lautet: Hic pater et logos nec non paraclitus agios. lg.: 0,35 m; br.: 0,23 m; st.: 0,025 m. — 2. Hälfte des 12. Jahrhunderts. Aus der Filialkirche zu Watterbach bei Miltenberg in Unterfranken. — Abb. Taf. XI.

f. Kflsch. a. d. b. Nationalmuseum, Bl. 281, 282. Vorder- und Rückseite. — vgl.: Dr. W. H. von Riehl, Ueber einen neu aufgefundenen romanischen Tragaltar, Sitzungsber. der philos.-philol. u. histor. Classe der kgl. bayer. Akad. der Wissensch., 1886, Heft I, S. 73 ff. nebst 2. Tafeln.

859. Part. r. S. I.

199. Rauchfaß. Untertheil eines solchen von Bronzeguß; halbkugelförmig mit sechs dreikantigen Buckeln, zwischen welchen sich ebensoviele mit Perlstäben gesäumte

Ornamentstreifen befinden. Das den byzantinischen Charakter tragende Ornament von zartem Relief besteht aus aneinander gereihten Kreisformen, welche Pflanzenmuster oder Thiergestalten umschließen. In einem dieser Streifen ist eine Heiligenfigur, Apostel oder dgl. enthalten. Am Rande der Schale befinden sich drei Ringe für das Gehänge, einer davon verstümmelt. Der Fuß fehlt. — Byzantinische Arbeit. 10. bis 12. Jahrh.?

344. Part. r. S. I.

200. Rauchfaß, mit kugelförmiger eiserner Schale und bronzenem Deckel von überhöhter Kuppelform, welcher mit durchbrochenen Bogenreihen in 5 Zonen verziert ist. Das Gehänge besteht aus 3 Stängchen von Eisen, welche mittelst Kettchen an der bronzenen, durchbrochenen, nach oben convexen Scheibe hängen; mit letzterer ist auch der Deckel durch eine an seinem Scheitel befestigte Kette verbunden. Ein Fuß ist nicht vorhanden. Die Zusammengehörigkeit, resp. Gleichzeitigkeit von Deckel und Schale erscheint zweifelhaft. Rohe Arbeit. Diam.: 0,095 m; Höhe (des Gefäßes ohne Gehänge): 0,130 m. — 1100 bis 1200.

343. Part. r. S. I.

201. Rauchfaß von Bronze; kugelförmig mit leicht gekehltem glatten Fuße und einem kleinen thurmförmigen Aufsatze auf dem Deckel; an den Rändern der Schale und des Deckels sind je drei Ringe für die nicht mehr vorhandene Kette. Schale und Deckel sind mit drei Halbkreisen, welche je zwei kleinere Fabelthiere umschließende Kreise umgeben, in Flachreliefguß verziert; am Deckel ist dies Muster durchbrochen geschnitten. Hch.: 0,175 m; Dchm.: 0,110 m. — Um 1200. — Abb. Taf. XV.

541. Part. r. S. I.

202. Rauchfaß von Bronze. Schale und Deckel bilden eine Kugel, deren beide Hälften völlig conform mit erhabenem Ornament von Blattranken und Thiergestalten von feiner Modellirung bedeckt sind; der Deckel ist durchbrochen, die Schale nicht. Der Deckel trägt einen thurmförmigen, oben defekten Aufsatz. Der Fuß ist neu und stilwidrig ergänzt. Die Ränder von Deckel und Schale sind mit je 4 Ringen für die nicht mehr vorhandene Kette versehen. Diam: 0,115 m; Höhe: 0,160 m. — Um 1200. — Abb. Taf. XV.

542. Part. r. S. I.

203. Aquamanile, Gießgefäß von Bronze in Gestalt eines Löwen; auf dem Kopfe ist eine kleine viereckige Klappe zum Oeffnen, auf dem Rücken ein Henkelgriff in Drachenform und im Rachen ein Ausgußröhrchen angebracht. Die Mähne ist lediglich an der Vorderseite des Halses durch Gravirung angedeutet und zwar in spitzen Locken, deren Ende sich spiralförmig windet. Der frei herabhängende Schweif ist am Ende verstümmelt. Höhe: 0,202 m; Länge: 0,190 m. — 12. oder 13. Jahrhundert?

356. Part. r. S. I.

204. Aquamanile, gemellio; Waschbecken von Bronze mit Gravirungen, welche auf kirchlichen Gebrauch hinweisen. — In der Mitte der Innenfläche in einer Kreisform die Humilitas; ringsum in 4 Lünetten, welche zusammen einen Vierpaß bilden, die Fides, Spes, Karitas, Pacientia. Von jedem Bogenscheitel geht eine tulpenartige

Blume aus; in den Zwickeln zwischen den Bögen sind Büschel ähnlicher Blumen. Zwischen den Blumen stehen dreimal die Worte: Peccatu(m), Odium, Dolus und einmal: Peccatu(m), Malicia, Dolus. Die Rückseite ist ohne Verzierung. Am Rande unterhalb der Humilitas sind drei runde Löcher zum Abfluß des Wassers angebracht. Diam. 0,263 m. — 12. bis 13. Jahrhundert.

751. Part. r. S. I.

205. Aquamanile, gemellio; Waschbecken von Kupfer mit Emailschmuck an der Innenfläche; in der Mitte in einer Kreisform ein Wappenschild; rings herum legen sich sechs Bögen in Sechspaßform, deren jeder eine Figur nebst Rankenornament um-schließt; die Zeichnung ist lebendig, aber in allgemeinen Zügen gehalten; von dem Email in den Farben weiß, roth und blau sind nur noch geringe Reste erhalten. Am Rande unterhalb des Wappens münden drei runde Löcher in eine an der Außenseite angelöthete Ausflußröhre von der Form eines Thierkopfes. — Die Rückseite ist mit drei Schilfblattreihen zwischen Kreislinien in Gravirung verziert. Dchm.: 0,225 m. — Limousiner Arbeit. 13. Jahrhundert. — Abb. Taf. XV.

750. Part. r. S. I.

Nr. 206 bis 229: Crucifixe, Altar= und Vortragekreuze.

206. Crucifixus ohne Kreuz; Bronzeguß, gravirt. Der große Kopf ist mit durchbrochenem Kreuznimbus umgeben; die kurzen Arme sind gerade gestreckt, die Füße neben einander, ohne Nägel oder Nagellöcher; ein Ansatz unter den Füßen enthält das Nagelloch zur Befestigung am Kreuze. hch.: 0,20 m; Spannung der Arme: 0,157 m. — 12. Jahrhundert. — Abb. Taf. XIII.

692. Part. r. S. I.

207. Crucifixus ohne Kreuz; Bronzeguß, gravirt. Auf dem Haupte die Königs-krone; die kurzen Arme horizontal gestreckt; die beiden Füße nebeneinander auf dem Suppedaneum, ohne Nägel oder Nagellöcher; ein solches ist in dem Ansatze darunter. hch.: 0,155 m; Spannung der Arme: 0,135 m. — 12. bis 13. Jahrhundert.

385. Part. r. S. I.

208. Kreuz zum Anhängen von Holz, mit dünnem, gestanzten und versilberten Kupferblech beschlagen, dessen Musterung mit Rosetten à diapré auf das 14. Jahrhundert deutet. Kreuzesstamm hch.: 0,238 m; Querbalken lg.: 0,167 m. — Der aufgenagelte Cruzifixus von Bronzeguß, gravirt und vergoldet, gleicht vollkommen Nr. 207. hch.: 0,147 m; Spannung der Arme: 0,152 m. — 12. bis 13. Jahrh. — Abb. Taf. XIII.

677. Part r. S. I.

209. Crucifix von Kupfer, vergoldet, in Form eines Astkreuzes mit aufgehefteten Corpus, ebenfalls von Kupfer und vergoldet, von roher Arbeit. Der Nimbus von vergoldetem Kupferblech ist hinter der Figur am Kreuze befestigt; die Füße ruhen nebeneinander auf dem Suppedaneum; das Ende des linken Kreuzarmes und des

Stammes zu oberst wird durch einen angesetzten kugelförmigen Knauf gebildet; das Ende des rechten Kreuzarmes und der Fuß des Stammes sind beschädigt. hch.: 0,15 m; Querbalken lg.: 0,11 m. — 12. bis 13. Jahrhundert.

682. Part. r. S. I.

210. Crucifixus ohne Kreuz, Bronzeguß, gravirt. Barhäuptig; die Arme gerade gestreckt; die Hände abgebrochen; Lendenrock mit schematischen, hängenden Falten; die Füße sind nebeneinandergestellt, ohne Nägel oder Nagellöcher; mitten in der Brust befindet sich ein Nagelloch. Stark oxydirt. hch.: 0,14 m; Spannung der Arme: 0,15 m. 12. bis 13. Jahrhundert.

686. Part. r. S. I.

211. Crucifixus, ohne Kreuz; Kupferguß, ciselirt und vergoldet. Barhäuptig, die Arme horizontal gestreckt, die Füße mit bloser Andeutung der beiden Nagelköpfe nebeneinander auf dem Suppedaneum stehend. hch.: 0,157 m; Spannung der Arme (die Hände sind zur Hälfte abgebrochen): 0,13 m. — Trotz der Mißverhältnisse und der rohen Bildung vieler Theile weist doch die Ausführung des Kopfes auf das 13. Jahrhundert.

828. Part. r. S. I.

212. Crucifix; das Kreuz von Messing ohne Verzierung ist an seinen vier klee-blattförmigen Enden von je einem Nagelloche durchbohrt behufs Befestigung an einem größeren Altar- oder Vortragekreuze. Der Crucifixus ist von Kupfer gegossen und zeigt geringe Reste von Vergoldung. Die bundartige Kopfbedeckung, ursprünglich wohl eine Krone, hat auf dem Scheitel einen Einschnitt zur Einfügung des nicht mehr vorhandenen Nimbus; die Arme sind horizontal gestreckt, die Füße, an welchen die Nagelköpfe nur durch Gravirung angedeutet sind, stehen nebeneinander auf dem Suppedaneum. hch.: 0,17 m; Spannung der Arme: 0,17 m; Höhe des Kreuzes: 0,275 m; Querbalken lg.: 0,255 m. — 13. Jahrhundert.

675. Part. r. S. I.

213. Vortragekreuz. Der Crucifixus von Bronzeguß, ciselirt und mit geringen Resten von Vergoldung, ist barhäuptig, mit schematisch gefaltetem Lendenrocke bekleidet; die Füße ohne Nägel oder Nagellöcher stehen nebeneinander auf dem kräftigen Fußpflocke. Das Kreuz, ebenfalls von Bronze mit Resten von Vergoldung, ist an der Vorderseite von einem erhöhten Randleisten mit eingeschnittenem geometrischen Ornament umgeben; am oberen Ende des Kreuzesstammes ragt aus einer Wolke die Hand Gottes gegen den Gekreuzigten herab, in Reliefguß mit Ciselirung ausgeführt. Auf der Rückseite des Kreuzes ist in der Mitte das Lamm Gottes, an jedem Ende ein Evangelistensymbol gravirt, welche Darstellungen durch schmale Ornamentkreise verbunden werden. Crucifixus hch.: 0,16 m; Spannung der Arme: 0,162 m; Kreuz hch.: 0,27 m; br.: 0,043 m; Querbalken lg.: 0,195 m. Der Dorn am Fuße des Kreuzes ist entfernt. — 13. Jahr-hundert. — Aus dem ehemaligen Benediktinerkloster Fultenbach bei Dillingen. — Abb. Taf. XIV.

848. Part. r. S. I.

214. Crucifixus ohne Kreuz, Bronzeguß, gravirt. Das Haupt ist unbedeckt, Haar und Bart sorgfältig cifelirt. Im Ganzen liegt der Typus von Nr. 207 u. 208 zu Grunde, während in allen Einzelformen ein Fortschritt erkennbar ist. hch.: 0,143 m; Spannung der Arme: 0,128 m. — 1250 bis 1300. — Abb. Taf. XIII.

684. Part. r. S. I.

Nr. 215 bis 224, Crucifixe mit Emailschmuck aus Limousiner Werkstätten des 12. und 13. Jahrhunderts.

215. Crucifixus ohne Kreuz; Kupfer, vergoldet, gravirt und emaillirt. — Das bärtige Haupt mit der Königskrone ist nach der rechten Seite geneigt; die Augen bilden eingesetzte blaue Glaskügelchen; die Arme sind gestreckt; der Lendenrock ist blau emaillirt, der Gürtel grün mit goldener Quadrirung; die Füße sind nebeneinander auf das Suppedaneum geheftet. hch.: 0,18 m; Spannung der Arme: 0,15 m. — 12. Jahrhundert. — Abb. Taf. XIII.

688. Part. r. S. I.

216. Crucifixus, ohne Kreuz, von Kupfer getrieben, vergoldet, gravirt und emaillirt. Aehnlich wie Nr. 215; die blauen Glaskügelchen an Stelle der Augen fehlen; die Arme sind unverhältnißmäßig kurz und mager, die Hände verstümmelt; der Gürtel ist nur gravirt. hch.: 0,17 m; Spannung der Arme 0,105 m. — 12. Jahrhundert.

690. Part. r. S. I.

217. Crucifixus, ohne Kreuz; Kupfer mit Resten von Vergoldung, gravirt und emaillirt. Aehnlich Nr. 215; die Augen werden durch eingesetzte blaue Glasperlen gebildet; die Hände sind verstümmelt. Der Lendenrock ist blau, der Gürtel türkisblau emaillirt. hch.: 0,255 m; Spannung der Arme: 0,165 m. — 12. Jahrhundert.

691 Part. r. S. I.

218. Crucifixus, ohne Kreuz; von Kupfer getrieben, vergoldet, gravirt und emaillirt. Auf dem Haupte die Königskrone; die Augen bilden eingesetzte blaue Glasperlen; die bis auf die Füße reichende Tunika ist blau, der Halssaum türkisfarben emaillirt, ebenso der untere Saum, jedoch mit goldener Quadrirung. Die Füße sind nebeneinander auf das Suppedaneum geheftet. hch.: 0,177 m; Spannweite der Arme: 0,125 m. — 12. Jahrhundert. — Abb. Taf. XIII.

693. Part. r. S. I.

219. Altarkreuz, Eichenholz mit aufgelegten Metalltheilen. hch.: 0,29 m; Querbalken lg.: 0.16 m. — Auf der Vorderseite ist ein Kreuz von Kupfer mit Grubenschmelz in den Farben roth, gelb, grün, blau, hellblau und weiß aufgelegt, welches auf blauem, mit Rosetten und Rauten überstreutem Grunde im oberen Theile den Titulus, in der Mitte den Kreuznimbus enthält; darauf ist der Körper des Crucifixus befestigt; dieser besteht aus Kupfer mit Vergoldung und Gravirung; die Königskrone und der Gürtel sind mit kleinen Türkisen besetzt; auf der Rückseite ist in der Kreuzesmitte das Agnus Dei von Bronzeguß mit Vergoldung aufgeheftet. 12. bis 13. Jahrhundert.

674. Part. r. S. I.

220. Vortragekreuz von Eichenholz mit aufgelegten Metalltheilen. hch.: 0,28 m; Querbalken lg: 0,28 m. — Der Crucifixus ist von Kupfer, vergoldet und gravirt, und trägt die Königskrone; beide Füße sind nebeneinander auf das Suppedaneum geheftet; der Lendenrock ist dunkel- und hell-blau emaillirt. hch.: 0,154 m; Spannung der Arme: 0,124 m. 12. Jahrhundert. Der übrige Belag der Vorder- und Rückseite des Kreuzes besteht aus vergoldetem Messingblech; an den kleeblattförmigen Enden der Kreuzesarme sind gestanzte Medaillons von vergoldetem Messingblech aufgeheftet, welche an der Vorderseite den einköpfigen heraldischen Adler, an der Rückseite das Agnus Dei zeigen. Alle diese Theile entstammen einer Restaurirung im 14. Jahrhundert.

646. Part. r. S. I.

221. Vortragekreuz von Eichenholz, an Vorder- und Rückseite mit vergoldetem ornamental gravirtem Kupferblech beschlagen, welches an der Vorderseite mit weißen und farbigen Cabochons von Glas besetzt ist; in der Mitte ist die Figur des Crucifixus von vergoldetem und gravirtem Kupfer aufgeheftet, mit der Königskrone, blau und türkisfarben emaillirtem Lendenrocke, neben einander auf das Suppedaneum genagelten Füßen und an Stelle der Augen eingesetzten blauen Glasperlen. hch.: 0,155 m; Spannung der Arme: 0,12 m. Ueber dem Haupte des Crucifixus ist als Titulus ein vergoldetes Kupferplättchen aufgeheftet, welches auf blauem Grunde von Grubenschmelz das Monogramm IHS in vergoldeten Capitalen zeigt. Am oberen Ende des Kreuzes- stammes ist ein rautenförmiges Täfelchen mit einem Sterne von gleicher Technik aufge- nagelt, am Fuße des Kreuzesstammes ein Halbfigürchen von vergoldetem Kupfer mit blau, türkisfarben und roth emaillirtem Gewande und scheibenförmigem Nimbus. Total hch.: 0,414 m; Querbalken 0,253 m. — 12. Jahrhundert.

676. Part. r. S. I.

222. Vortragekreuz von Eichenholz, an der Vorder- und Rückseite mit vergoldetem und gravirtem Kupferblech beschlagen; dieses ist an der Vorderseite mit farbigen Cabochons besetzt, wovon jedoch die Mehrzahl nicht mehr vorhanden ist. Das Blech der Rückseite ist mit erhabenen Sternchen in gestanzter Arbeit verziert. Der an der Vorderseite auf- geheftete Crucifixus von vergoldetem, gravirten und theilweise emaillirtem Kupfer ist ähnlich demjenigen von Nr. 221, ebenso der Titulus; am oberen Ende des Kreuzes- stammes ist eine Halbfigur von vergoldetem Kupfer mit blau, roth und türkisblau emaillirtem Gewand aufgeheftet. Die Rückseite ist mit einer Anzahl vergoldeter und emaillirter Kupferplättchen besetzt; das mittlere, medaillonförmige trägt die Darstellung Christi als Salvator mundi in Halbfigur; die T-förmigen an den Enden der drei Kreuzarme zeigen die Evangelistensymbole des Markus, Lukas und Johannes; kleinere rautenförmige Plättchen an Stamm und Kreuzarmen zeigen goldene Sterne auf blauem Grunde. hch.: 0,425 m; Querbalken lg.: 0,305 m. — 12. Jahrhundert. — Die äußersten Enden der Kreuzarme und der untere Theil des Stammes an der Rückseite sind mit medaillonförmigen, ornamental gestanzten Messingplättchen besetzt, welche dem 14. Jahrhundert entstammen.

645. Part. r. S. I.

223. Crucifix von Kupfer, vergoldet und emaillirt, zum Befestigen auf einem größeren Altar= oder Vortragekreuz mit 14 Nagellöchern am Rande versehen. Der Crucifixus von Kupfer mit Vergoldung und Gravirung, von gestreckten Körperver= hältnissen, mit einer Reifkrone, dem Lendenrocke und nebeneinander auf das Suppedaneum genagelten=Füßen, ist mit Kupfernägeln auf das Kreuz geheftet, welches zu oberst die dextera Dei, darunter den Titulus, den bunt emaillirten Kreuznimbus, zu Füßen des Gekreuzigten einen Todtenschädel, im übrigen emaillirte Rosetten und vergoldete Blatt= ranken auf blauem und grünem Emailgrunde zeigt. hch.: 0,20 m; Querbalken lg.: 0,13 m. — 13. Jahrhundert. — Abb. Taf. XIII.

681. Part. r. S. 1.

224. Crucifix von Kupfer, vergoldet und emaillirt, am Rande mit 22 Löchern zur Befestigung an einem größeren Altarkreuze versehen. Der mit Kupfernägeln am Kreuze aufgeheftete Crucifixus ist von Kupfer, vergoldet und cifelirt, ohne Krone, mit dem Lendenrock bekleidet; die Füße sind nebeneinander auf das Suppedaneum genagelt. Das Kreuz zeigt in Gravirung, Vergoldung und buntem Grubenschmelz zu oberst die dextera Dei, darunter den Titulus; unter dem Haupte des Gekreuzigten den Kreuz, nimbus, zu seinen Füßen den auferstehenden Adam; die übrige Fläche des Kreuzes ist mit Rosetten und Mandelformen in den Farben roth, gelb, grün, dunkelblau, hellblau und weiß auf blauem und grünem Grunde geschmückt. Crucifixus hch.: 0,163 m; Spannung der Arme: 0,163 m. Kreuz hch.: 0,325 m; Querbalken lg.: 0,169 m; Breite der Kreuz= balken: 0,048 m — 13. Jahrhundert. — Geschenk des geistlichen Rathes und Dechanten M. Astner in Egern. — Abb. Taf. XIII.

680. Part. r. S. I.

225. Crucifixus ohne Kreuz, von Kupfer getrieben, cifelirt und vergoldet. Das unbärtige Haupt trägt die Königskrone; an den nach oben gezogenen Armen sind die Hände verstümmelt; die Füße sind übereinander gelegt und von einem Nagel durch= bohrt. hch.: 0,16 m; Spannung der Arme: 0,112 m. — 1250 bis 1300. — Abb. Taf XIII.

687. Part. r. S. I.

226. Crucifixus, von Bronze gegossen, cifelirt und vergoldet; ohne Kreuz. Das bärtige Haupt ist unbedeckt; die Arme sind nach oben gezogen, die Füße übereinander gelegt und von einem Nagel durchbohrt. hch.: 0,156 m; Spannung der Arme: 0,097 m. — Gegen 1300. — Abb. Taf. XIII.

689. Part. r. S. I.

227. Vortragekreuz von Holz, mit vergoldetem Kupferblech an der Vorder= und Rückseite bekleidet. Länge des Kreuzesstammes: 0,40 m; Länge des Querbalkens: 0,32 m. Der Blechbelag ist mit gravirten Linienornamenten verziert; die Enden der Kreuzes= balken haben Kleeblattform und sind mit Medaillons besetzt, welche am Querbalken die Evangelistenzeichen des h. Lukas und Markus zeigen, am Stamme aber, wohl in späterer

Zeit, mit buckelförmigen Knöpfen beschlagen sind. Der Crucifixus in aufgehefteter Relieffigur hat nur die drei Nägel, zeigt aber in der Bildung der oberen Theile und der Königskrone noch romanische Nachwirkung. — Die Rückseite weist am linken Ende des Querbalkens noch den wulstförmigen Rand eines Medaillons auf; die Medaillons in der Mitte und am Fuße des Stammes sind mit einer aus Kupferblech geschnittenen, vergoldeten Rosette verziert; an den beiden anderen Enden fehlt das Beschläge. Am Crucifixus und den Medaillons mit den Evangelistenzeichen sind Reste einer späteren Oelvergoldung. Der Stachel am unteren Ende zur Einfügung in die Stange ist abgebrochen. — Zweite Hälfte des 13. Jahrhunderts mit späteren Ergänzungen.

332. Part. r. S. II.

228. Vortragekreuz aus Stücken von Bergkrystall zusammengesetzt, welche an einem von Kupferstäben gebildeten Kreuze aufgereiht und durch Fassungstheile von vergoldetem und gravirtem Kupferblech verbunden sind. Die Kreuzesmitte wird durch ein quadratisches Stück Bergkrystall, die Kreuzesarme durch flache, stabförmige, die Kreuzesenden durch herzförmige Stücke gebildet, welche mit je zwei kleinen flachen Knäufen von Krystall besetzt sind; unter dem Kreuzesstamme ist ein größerer Krystallknauf angebracht, aus welchem der Dorn hervortritt. hch.: 0,40 m; Querbalken lg. 0,34 m. — 12. bis 13. Jahrhundert.

617. Part. r. S. I.

229. Altarkreuz von Holz mit stufenförmigem Untersatz und reicher Bekleidung von Emailplatten, Filigran und Steinen an der Vorderseite. Der Untersatz ist mit zwei winkelförmigen Emailplatten, vier Filigranplättchen von vergoldetem Kupfer mit gefaßten Steinen und in der Mitte mit einer emaillirten Säule mit vergoldetem Knospenkapitäl und Fuß mit Eckblättern besetzt, welche Schmucktheile insgesamt dem 13. Jahrhundert entstammen. Zwei geschliffene Granaten, sowie die vielfach als Nagelköpfe angebrachten farbigen Glasperlen, gehören einer Restauration in neuerer Zeit an. — Das über der Säule sich erhebende Kreuz mit scheibenförmigen Enden der Kreuzesarme ist mit ganz gleichartigen Emailplatten belegt; eine ebensolche mit bogenförmigem Ausschnitte bildet den Nimbus des Crucifixus, dessen Figur von vergoldetem Messing mit Ciselirung auf die Emailplatten aufgelegt ist und gleich diesen dem 13. Jahrhundert angehört. — Die auf der obersten Stufe des Untersatzes beiderseits vom Kreuze stehenden kleineren Figuren Mariä und des Johannes von vergoldetem Messing gehören, wie auch das Schriftband des Titulus — ohne Inschrift — der Zeit um 1400 an, in welcher das Kreuz seine jetzige Gestalt erhalten haben mag. hch.: 0,428 m; Länge des Querbalkens: 0,25 m. — Früher in der fürstlich Hohenzollern'schen Sammlung zu Sigmaringen. — Abb. Taf. XV. — vgl. Kunstschätze a. d. b. Nationalmus. Bl. 101.

643. Part. r. S. I.

Nr. 230 bis 233: Altarleuchter und profane Leuchter.

230. Leuchter von Bronze in Gestalt eines Centauren, welcher mit beiden Händen einen Fisch hält; aus seinem Rücken erhebt sich der Leuchterschaft. hch.: 0,13 m; lg.: 0,12 m. — 12. Jahrhundert. — Abb. Taf. IX.

315 Part. r. S. I.

231. Leuchter von Bronze in Gestalt eines Löwen, aus dessen Rücken der Leuchterschaft nebst dem Dorn sich erhebt; der Kerzenteller ist entfernt. Das Haupt des Löwen ist nach links gewandt, die Mähne durch Gravirung angedeutet, das rechte Hinterbein verstümmelt. hch.: 0,118 m; lg.: 0,077 m. — 12. Jahrhundert? — Abb. Taf. IX.

314 Part. r. S. I.

232. Leuchter, wie vorhin. Der Kopf ist durch Oxydation angegriffen; über dem linken Vorderblatte befindet sich ein tiefes Loch; der schräg nach oben gerichtete Rand der viereckigen Kerzenschale ist zinnenförmig ausgeschnitten. hch.: 0,111 m; lg.: 0,075 m. — 12. Jahrhundert?

322. Part. r. S. I.

233. Leuchterfuß von Bronze, ciselirt; dreitheilig; vom Schafte ist nur ein Theil vorhanden ohne Knauf und Schale. Drei lanzettförmige, roh ciselirte Blätter mit aufgebogenen Enden und einer Zwischenstellung kurzer Blattspitzen ruhen auf kleinen, nur in allgemeinster Andeutung der Form gestalteten Thierfüßen. Der Schaft besteht aus drei Wulsten mit zwischengestellten Plättchen. hch.: 0,090 m; Dreiecksseite am Fuße: 0,105 m. — 12. Jahrhundert? — Geschenk des Herrn A. v. Hirsch.

346. Part. r. S. I.

234. Leuchterschaft mit Knauf und Kerzenschale ohne Dorn und ohne Fuß; von Bronze. Der Knauf (nodus) wird von durchbrochenem ciselirten Rankenwerk gebildet; die schlichte Schale wird von drei gebrochenen Stäben unterstützt, deren Enden über den Schalenrand austragen. hch.: 0,100 m; Dchm. der Schale: 0,061 m. — 12. Jahrhundert.

339. Part. r. S. I.

235. Fragment eines Fußes von einem Leuchter oder Crucifix von Bronze mit derb eingravirten Ornamenten; über dem als Klaue gestalteten Fuß eine Blattform, welche in durchbrochener Arbeit 2 einander mit dem Rücken berührende, mit den Köpfen einander zugekehrte Vögel einschließt. Reste von Vergoldung. — 12. Jahrhundert?

710. Part. r. S. I.

236. Leuchter von Kupfer, emaillirt und feuervergoldet. Der Fuß, von der Form einer runden, nach oben convexen Schale, ruhte auf drei, nun abgeschnittenen Tatzen, an deren Obertheil gravirte Löwenmasken angebracht waren, wovon noch Theile sichtbar sind; die Oberfläche der Schale ist mit drei conform gezeichneten Drachen in Grubenschmelz verziert; ebenso der Knauf mit drei in Kreisformen eingeschlossenen Vögeln von buntem Gefieder; die beiden Schaftstücke (über und unter dem Knauf) sind horizontal gerippt, ohne Email. Die Kerzenschale hat einen kronenförmig gezackten Rand und eine krappenartige Blattverzierung ohne Email an der Außenseite. Der abgeschnittene Dorn ist von Kupfer. Limousiner Arbeit. hch.: 0,135 m. — Um 1200.

662. Part. r. S. I.

237. Bruchstück eines Leuchterfußes von Bronze, vergoldet. Auf einer Löwentatze liegt ein vorne leicht gerolltes, geripptes Blatt, auf welchem ein Evangelist (?) mit aufgeschlagenem Buche sitzt. hch.: 0,085 m; br.: 0,027 m; tief: 0,045 m. — Um 1200? — Abb. Taf. XV.

329. Part. r. S. I.

238. Leuchter, von Bronze gegossen und ciselirt. Der dreitheilige Fuß besteht aus drei in Tatzenform endenden Leisten, welche durch schön angeordnetes durchbrochenes Laubwerk verbunden sind; der durchbrochene Knauf wird durch drei ähnliche Blattranken gebildet; der obere Theil des Schaftes und die Kerzenschale sind durch drei Leisten mit frei hervortretendem Laubwerk, an den zwischenliegenden Flächen durch Gravirung verziert. hch.: 0,193 m; Dreiecksseite am Fuße: 0,145 m. — Um 1200. — Gefunden bei Elsenfeld am Dammfeld in Unterfranken. — Abb. Taf. IX. — s. Weingärtner in den Mitth. der k. k. Centr.-Com., 1861, S. 113. — vgl. Kunstschätze a. d. bayer. N.-M., Taf. 111.

340. Part. r. S. I.

239. Leuchterfuß, von Bronze gegossen; dreitheilig, durchbrochen. Drei Leisten, welche mittelst unklarer — vorwiegend thierischer Formen in durchbrochener Arbeit verbunden sind, werden unten durch segmentförmige Leisten verbunden und ruhen auf drei Thierfüßen, über welchen frei ausgearbeitete Thierfiguren (Hunde?) sitzen. Der oberste Theil des Fußes ist zur Aufnahme des Eisenstiftes behufs Befestigung von Knauf, Schaft und Schale durchbohrt. (Der Schraubengang rührt aus neuester Zeit her.) hch.: 0,055 m; Dreiecksseite: 0,097 m. — 12. bis 13. Jahrhundert.

351. Part. r. S. I.

240. Leuchterfuß, von Kupfer gegossen und ciselirt. Dreitheilig; durchbrochenes zum Theil frei hervortretendes Rankenwerk, welches zu unterst in drei Thiermasken endet. Der zur Aufnahme des Knaufes oder Schaftes dienende runde, durchbohrte Zapfen am obersten Ende enthält noch einen Rest des Eisenstiftes zur Befestigung der oberen Theile. hch.: 0,045 m; Dreiecksseite am Fuße: 0,074 m. — 12. bis 13. Jahrhundert.

347. Part. r. S. I.

241. Leuchter, von Bronze gegossen und ciselirt, mit dreitheiligem aus Drachen, Löwenmasken, Menschengestalten und Blattranken gebildetem, durchbrochenen Fuße, durchbrochenem Rankenknaufe am Schaft und rundem, von drei kleinen Drachen unterstütztem Kerzenteller. hch.: 0,143 m; Dreiecksseite des Fußes: 0,125 m. — 12. bis 13. Jahrhundert.

324. Part. r. S. I.

242. Altarleuchter von Kupfer, vergoldet, gravirt und emaillirt. Den Fuß bildet eine auf drei Thierfüßen ruhende dreiseitige Pyramide, deren Flächen ebenso wie die fünf runden Knäufe des cylindrischen Schaftes und der flache Rand des Kerzentellers Emailschmuck tragen; der Schaft ist ornamental gravirt. Der Dorn wird durch das spitze Ende eines Eisenstabes gebildet, welcher den ganzen Schaft durchdringt und an der Innenseite des Fußes verschraubt ist. Limousiner Arbeit. Höhe sammt Dorn: 0,58 m; Schaftdchm.: 0,018 m; Dreiecksseite des Fußes: 0,187 m. — Um oder nach 1200. — Aus der Stadtpfarrkirche St. Gangolf in Bamberg. s. Photogr. Abb. in „Kunstschätze des bayer. N.-M." Bl. 101. vgl. F. Bock im Quartalblatt des Ver. der Erzdiöc. Bamberg f. christl. Kunst-Archäol. 1858, S. 50 ff. Taf. XV.

641. Part. r. S. I.

243. Altarleuchter von Kupfer, gravirt, emaillirt und feuervergoldet. Gegenstück zu Nr. 242. vgl. die Beschreibung daselbst; den einzigen Unterschied bildet die Art des gravirten Ornaments am zweiten Gliede des Schaftes. Aus St. Gangolf in Bamberg.

642. Part. r. S. I.

244. Leuchterfuß von Bronze, gegossen und ciselirt, in späterer Zeit mit Oel-farbenvergoldung auf rothem Grunde versehen; dreitheilig; drei auf Thierfüßen ruhende Leisten, mit frei hervorragenden Blattumschlägen an ihrem unteren Ende, sind unter-einander mittelst durchbrochenen Laubwerks verbunden, in welchem zuoberst je eine kleine Figur (Crucifixus?) eingefügt ist; darüber erhebt sich aus einem cylindrischen Zapfen, den wohl ursprünglich ein nicht mehr vorhandener Knauf nebst Schale umschloß, ein eiserner Dorn. hch. ohne Dorn: 0,095 m; Dreiecksseite des Fußes: 0,122 m. — 1200 bis 1250.

821. Part. r. S. I.

245. Leuchterfuß von Bronze, gegossen und ciselirt; dreitheilig. Die drei, die allgemeine Form des Thierfußes ohne alle Gliederung zeigenden Füße werden nach oben durch theils durchbrochenes, theils frei ausladendes Rankenwerk verbunden; über jedem Fuße sitzt ein rund gearbeiteter Vogel. Der oberste Theil ist durchbohrt zur Aufnahme des Eisenstiftes, von welchem noch Rostspuren vorhanden sind; ursprünglich jedoch befand sich hier ein dreieckiger Zapfen, wie bei Nr. 238, womit auch Arbeit und Stil Verwandtschaft zeigen. hch.: 0,057 m; Dreiecksseite am Fuße: 0,103 m. — 13. Jahrhundert. — Abb. Taf. X.

350. Part. r. S. I.

246. Leuchterschaft mit Knauf und Schale, ohne Dorn, von Kupfer. Der durch-brochene Knauf wird durch Blattwerk gebildet; unter dem Rande der sonst glatten Kerzenschale befinden sich drei krappenförmige Auskragungen. Der Schaft ist hohl. hch.: 0,070 m; Dchm. d. Schale: 0,063 m. — 13. Jahrhundert? — Geschenk des Herrn Grafen von Zetto.

349. Part. r. S. I.

247. Leuchter von Kupfer, vergoldet, gravirt und emaillirt. Den Fuß bildet eine auf stilisirten Thierfüßen ruhende dreiseitige Pyramide, deren Flächen mit Blatt-

und Rankenwerk in Email verziert sind; an den oberen Theilen der Thierfüße sind Löwenmasken eingravirt. Der cylindrische Schaft trägt ein gravirtes Schuppenmuster, der plattrunde Knauf sechstheiliges Rankenwerk in Email; der Kerzenteller mit fünf kurzen Auskragungen am Rande zeigt an seiner unteren Fläche ein Emailornament in Form eines Blumensterns. Der Dorn ist von Kupfer. Limousiner Arbeit. hch. mit Dorn: 0,225 m; Dreiecksseite des Fußes: 0,095 m. — 13. Jahrhundert. — Abb. Taf. X.

661. Part. r. S. l.

248. Leuchter, von Bronze gegossen, gravirt und ciselirt; der dreiseitige Fuß besteht aus durchbrochenem Rankenwerk und Thierformen; kurzer Schaft mit rundem Knauf; der Rand der Kerzenschale ist ornamental gravirt; rohe Arbeit. hch.: 0,17 m; Dreiecksseite des Fußes: 0,15 m. — 13. Jahrhundert.

321. Part. r. S. l.

249. Leuchter, aus Bestandtheilen eines Reliquienschreines des 13. Jahrhunderts im 17. oder 18. Jahrhundert zusammengesetzt. Der Schaft wird durch eine kupferne, emaillirte und vergoldete Säule mit vergoldetem Knospenkapitäl und vergoldeter Eckblattbasis gebildet. Die Verzierungen sind an allen Theilen nur auf drei Viertheile des Umfanges ausgeführt. Zwei Scheiben von Kupfer, emaillirt und vergoldet, ursprünglich Nimben von Figuren eines Reliquienschreines, bilden den Kerzenteller sowie die Fußplatte unter der Säule. Dchm. der Scheiben: 0,08 m; Höhe der Säule: 0,205 m. — Neuere Bestandtheile sind die vergoldete Messingplinthe unter der Fußplatte, der durch die Säule gehende, verschraubte, zu oberst den Dorn bildende Eisenstab und die ovale Traufschale unter dem Dorn. Totale Höhe: 0,28 m. — Aus dem fürstlich Hohenzollern'schen Besitze erworben. — Abb. Taf. X.

648. Part. r. S. l.

250. Leuchter in Gestalt einer Säule aus Bestandtheilen eines Reliquienschreines aus den ersten Jahrzehnten des 13. Jahrhunderts und Zuthaten einer späteren Zeit zusammengesetzt. Pendant zu Nr. 249. s. dort die Beschreibung. Unterschiede finden nur statt in den Motiven und Farben des Emails und in der Stellung des Kapitäls, welches hier Frontstellung zeigt, dort übereck gestellt ist. Aus fürstlich Hohenzollern'schem Besitze erworben.

649. Part. r. S. l.

251. Leuchter, von Messing gegossen und ciselirt, in Gestalt eines Elephanten, welcher einen Thurm auf dem Rücken trägt; die mit einer krenelirten Brustwehr umgebene Plattform bildet die Kerzenschale und aus ihrer Mitte erhebt sich der ebenfalls messingene Dorn; an ihrer linken vorderen Ecke steht ein Figürchen, einen in das Horn blasenden Wächter darstellend. hch.: 0,160 m; lg.: 0,115 m. — 13. Jahrhundert? — Abb. Taf. IX.

827. Part. r. S. l.

252. Leuchter, von Messing gegossen und ciselirt, in Gestalt eines Drachen, dessen Schweif in üppiges, am Rücken des Thieres sich empor windendes Rankenwerk ausläuft, woraus eine vierblattförmige Blume hervorsprießt, die die Kerzenschale bildet; aus ihrer Mitte erhebt sich der ebenfalls messingene Dorn. hch.: 0,175 m; lg.: 0,100 m; br.: 0,060 m. — 13. Jahrhundert? — Abb. Taf. IX. — vgl. Ustschätze a. d. b. M.-M., Bl. 111.

327. Part. r. S. I.

253. Leuchter von Bronzeguß über einem eisernen Kern, ciselirt. Wiederholt in kleinerem Maßstabe das Motiv von Nr. 252. hch.: 0,128 m; lg.: 0,073 m; br.: 0,055 m. — 13. Jahrhundert. — Geschenk des Herrn Albert von Hirsch in München. — Abb. Taf. IX.

345. Part. r. S. I.

Nr. 254 bis 265: Reliquienbehälter, Bruchtheile solcher und Reliquien.

254. Reliquiar von Bronzeguß in Hausform mit Walmdach, in dessen Mitte sich ein viereckiges Rohr erhebt. Die Füße bilden die gegossenen, ciselirten und ange-löthelten Sitzbilder der vier Evangelisten. Reliefdarstellungen schmücken die vier Seiten des Kastens und des Daches; Vorderseite des Kastens: Christus, unbärtig, in der Mandorla thronend, umgeben von den Evangelistensymbolen und einem Apostel zu beiden Seiten; linke Schmalseite: Verkündigung Mariä; Rückseite: Geburt und Taufe Christi; rechte Schmalseite: Hochzeit zu Cana; Vorderseite des Daches: der Engel und die drei Frauen am Grabe; linke Seite: Christus und Thomas; Rückseite: Himmelfahrt Christi; rechte Seite: Auferstehung Christi; die Gestalten sind meist lebhaft bewegt, die Einzelformen schwer und inkorrekt; die Ciselirung ist spärlich. hch.: 0,28 m; lg.: 0,25 m; br.: 0,13 m. — 12. Jahrhundert? — Abb. s. J. A. von Hefner, Trachten, Kstw. u. Ger., I. Taf. 34. S. 19.

317. Part. r. S. I.

255. Reliquiar, Kasten von Eichenholz, mit vergoldeten und emaillirten Kupfer-platten belegt, hausförmig mit Satteldach; der Firstkamm, von einer Hufeisenarkade durchbrochen, ist mit drei Kugelknäufen besetzt; die Füße sind pfostenförmig. Die Vorder-seite des Kastens ist mit drei kupfernen, vergoldeten und emaillirten Relieffigürchen besetzt, deren Augen blaue Glasperlen bilden. Zu den Seiten der Figuren ist der ver-goldete und gravirte Grund mit je zwei farbigen Gläsern in Cabochonform verziert; die gleiche Ausschmückung zeigt die vordere Dachfläche. Die Schmalseiten tragen je eine in die vergoldete Metallfläche gravirte Heiligengestalt auf Emailgrund und mit emaillirtem Nimbus. Die hintere Dachfläche und die, eine Fallthüre bildende Rückseite sind mit gitterförmigen Strichlagen von blauem Email auf vergoldetem Grunde verziert. lg.: 0,152 m; br.: 6,052 m; hch.: 0,175 m. — Limousiner Arbeit. — Um 1200. — Abb. Taf. XI. — vgl. Kstsch. a. d. b. Nationalmus., Bl. 171.

658. Part. r. S. I.

256. Bruchstück (Langseitentheil) eines Reliquiars von Eichenholz, mit vergoldetem und gravirtem Kupferblech beschlagen und mit ornamental emaillirten und vergoldeten Kupferstäben an drei Seiten eingefaßt. Im Felde sind (ursprünglich drei, nun nur noch) zwei roh gebildete Figuren von Kupfer mit Email, Vergoldung, Gravirung und — jedoch nur noch an der einen — eingesetzten Augen von blauem Glas aufgelegt. Die Zwischenräume zwischen den Figuren sind mit blauen Gläsern und einigen Steinen besetzt (zum Theil ersichtlich erst in später Zeit an Stelle der ursprünglichen Cabochons angebracht). lg.: 0,028 m; hch.: 0,090 m. — Limousiner Arbeit. — Um 1200.

733. Part. r. S. I.

257. Kupferplatte, vergoldet, gravirt und emaillirt, Schmalseitentheil eines haus-förmigen Reliquiars. Dargestellt ist eine Heiligenfigur (Apostel?) durch Gravirung auf der vergoldeten Metallfläche; der Nimbus ist blau, weiß und roth, der die Figur um-gebende Grund gitterförmig in blau auf Goldgrund emaillirt und von zwei meergrünen Streifen horizontal durchschnitten, wie solche auch zu beiden Seiten und am Giebel den Saum bilden. hch.: 0,137 m; br.: 0,056 m. — Limousiner Arbeit. — Um 1200.

639. Part. r. S. I.

258. Reliquiar von Kupfer mit Vergoldung, Gravirung und Email. Haus-förmig mit Walmdach, welches den Deckel bildet, der rückwärts in Charnieren geht und an der Vorderseite mittelst einer Krampe verschließbar ist. Die beiden Langseiten und die vordere Dachfläche sind mit je zwei Kreisflächen mit Engelsbrustbildern geschmückt, die beiden Schmalseiten mit je einer solchen; die Rückseite des Daches und dessen Neben-seiten zeigen ornamentale Kreisformen, alle übrigen Flächen goldene Ranken auf blauem Grunde; alle figürlichen Theile sind auf den vergoldeten Metallgrund gravirt; die emaillirten Theile der Kreisformen sind blau, weiß, roth und meergrün. lg.: 0,12 m; br.: 0,06 m; hch.: 0,085 m. — Limousiner Arbeit. Anfang des 13. Jahrhunderts. — Abb. Taf. XI.

630. Part. r. S. I.

259. Reliquiarium, hausförmig, Kasten von Buchenholz, mit vergoldeten und emaillirten Kupferplatten belegt; die Füße haben schlichte Pfostenform; der Firstkamm, von einer Hufeisenarkade durchbrochen, trägt Kugelknäufe in der Mitte und an den beiden Enden; er gehört, wie die hintere Dachseite die, eine Fallthüre bildende Rückseite, welche mit blauen, rothen, grünen und gelben Gläsern in Cabochonform besetzt sind, einer späten Restauration an. Ursprünglich sind die vordere Dachseite, die vordere und die beiden Schmalseiten des Kastens, alle mit Emailmalerei und Gravirung geschmückt; die Vorderseite des Kastens zeigt Christus am Kreuze, Maria und Johannes, Sonne und Mond; daneben beiderseits unter einer Rundbogenarkade je eine Apostelfigur. Dachfläche: Christus in majestate Domini, die Evangelistenzeichen und jederseits eine an den unteren Theilen verkürzte Apostelfigur; die Schmalseiten je eine Heiligenfigur unter einer von einem Thürmchen bekrönten Rundbogenarkade. Die Figuren sind zum Theil auf die vergoldete Metallfläche gravirt, zum Theil aufgelegte Reliefstücke von ver-goldetem Kupfer; der Grund ist blau emaillirt und mit bunten Rosetten bestreut. lg.: 0,166 m; br.: 0,07; hch.: 0,20 m. — Limousiner Arbeit. Nach 1200. — Abb. Taf. XI.

660. Part. r. S. I.

260. Reliquiar von Kupfer, in Hausform mit Satteldach, vergoldet, gravirt und emaillirt. Boden und Füße sind spätere Zusätze zur Erweiterung des Innenraumes; oberhalb der späteren Füße sind die ursprünglichen pfostenförmigen noch erhalten. Die Vorderseite zeigt die Darstellung des Martyriums der h. Valerie, die vordere Dachseite ihre Bestattung; an beiden Schmalseiten ist je ein Heiliger dargestellt. Alles Figürliche zeigt die vergoldete und gravirte Metallfläche; der Grund ist dunkelblau emaillirt und mit zahlreichen Rosetten in den Farben weiß, gelb, grün, meergrün, hellblau, dunkelblau und roth durchsetzt. lg.: 0,126 m; br.: 0,063 m; hch.: 0,15 m. — Limousiner Arbeit. Um oder nach 1200. — Ursprünglich im Kloster Staffelsee, später in der Kirche zu Seehausen. — Abb. Taf. IX. — vgl. Kunstsch. a. d. b. A.-M., Bl. 171.

656. Part. r. S. I.

261. Reliquiar von Kupfer, vergoldet, gravirt und emaillirt; hausförmig mit Satteldach, welches den Deckel bildet und ursprünglich mit einem Firstkamme versehen war, der nun fehlt; von den vier schlichten, pfostenartigen Füßen sind drei ursprünglich. Der Emailschmuck auf blauem Grunde mit schwungvollen goldenen Ranken zeigt an den beiden Langseiten und den beiden Dachflächen je drei Medaillons mit Engelsbrust= bildern, an den beiden Schmalseiten je ein dergleichen und in den Giebelfeldern je ein Engelsbrustbild ohne Medaillon; alle Figuren sind auf der vergoldeten Metallfläche durch Gravirung dargestellt; die Farben der Medaillons sind roth, weiß und blau. hch.: 0,106 m; br.: 0,065 m; lg.: 0,155 m. — Limousiner Arbeit. 13. Jahrhundert. — Abb. Taf. XI.

640. Part. r. S. I.

262. Reliquiar in der Form eines viereckigen Thurmes mit pyramidenförmigem Dache, von Eichenholz, mit emaillirten, vergoldeten und gravirten Kupferplatten belegt. Zwischen die pfostenartigen Füße ist in späterer Zeit ein tieferliegender Boden zur Vergrößerung des Innenraumes eingefügt worden. Darstellungen: an der Vorderseite die Kreuzesgruppe; das corpus des Gekreuzigten und die Köpfe der anderen Figuren sind aufgenietete Reliefstücke; an der linken Seite Maria mit dem Jesuskinde in der Mandorla, von vier Engeln umgeben; rechte Seite: Salvator mundi in der Mandorla, umgeben von den Evangelistenzeichen; die Rückseite enthält die rundbogige Thüre, auf welcher der h. Petrus dargestellt ist. Die Dachflächen zeigen je eine stehende Engelsfigur. Der Grund ist durchwegs blau mit mehrfarbigen Blumengewinden und Rosetten; alles Figürliche ist auf die vergoldete Metallfläche gravirt, die Köpfe sind meist aufgelegte Reliefstücke. hch.: 0,317 m; br. 0,150 m im Quadrate. — Limousiner Arbeit. 1200 bis 1250. Aus der Schloßkapelle zu Tüßling b/Mühldorf. — Abb. Taf. X. — vgl. Kunstsch. a. d. b. A.-M., Bl. 171; v. Hefner, Trachten, Kstw. u. Ger., 2. Aufl. Bd. II. Taf. 80.

657. Part. r. S. I.

263. Reliquiarium, hausförmig, Kasten von Eichenholz mit vergoldeten, gravirten und emaillirten Kupferplatten belegt; die Füße sind von schlichter Pfostenform. Die Verzierung der Vorderseite bilden drei Kreisformen mit figürlichen Darstellungen in Email auf ornamental gravirtem Goldgrunde, in der Mitte Maria mit dem Lilien=

scepter und dem sich ihr anschmiegenden Jesuskinde, links Petrus, rechts Paulus in Halbfiguren; in ähnlicher Weise ist die vordere Seite des Satteldaches mit dem Brustbilde des Salvator mundi und einer schwebenden Engelsfigur zu jeder Seite geschmückt. Die Schmalseiten zeigen links eine Heiligengestalt unter einem säulengetragenen, kleeblattförmigen Baldachin, rechts eine spitzbogige Thüre, welche das Schloß enthält und die Darstellung eines das Rauchfaß schwingenden Engels trägt. Die Rückseiten von Kasten und Dach sind mit Reihen kleiner Kreisformen verziert, welche vierblätterige Blumen umschließen. lg.: 0,24 m; br.: 0,10 m; hch.: 0,175 m. — Limousiner Arbeit. Gegen Mitte des 13. Jahrhunderts. — Aus der Schloßkapelle zu Tüßling bei Mühldorf. — Abb. Taf. X.

669. Part. r. S. I.

264. Cassette von Messing; der Kasten ist mit den Füßen in Form von Drachenfiguren in einem Stücke gegossen. Die Außenwände sind gravirt und zeigen an der Vorderseite Christus mit St. Peter und St. Paul zu seinen Seiten; an beiden Schmalseiten je 3, an der Rückseite 6 Apostel in einfachen Umrissen; der Grund zwischen den Figuren ist gebunzt; der Saum an der oberen und unteren Kante ist mit einem einfachen Zickzackmuster verziert. Der flache Deckel und das Schloß rühren von einer Veränderung im 16. Jahrhundert her. lg.: 0,217 m; br.: 0,154 m; hch.: 0,133 m. — Ursprünglich ein Reliquiar. 13. Jahrhundert?

844. Part. r. S. I.

265. Lanze des h. Longinus nebst einem Nagel vom Kreuze Christi; alte Nachbildung des bei den Insignien des h. Römischen Reiches befindlichen Originals. Breite der Klinge: 0,062 m; Länge: 0,512 m; Dchm.: der Tille: 0,036 m. — Aus der durch den Jesuiten Ferd. Orban, 1732, angelegten Sammlung. — Abb. Taf. XII.

694. Part. r. S. I.

Nr. 266—272: Hostienbüchsen und Ciborien.

266. Hostienbüchse von Kupfer in Form eines kleinen Rundthurmes, vergoldet und theils mit farbig emaillirten, theils mit vergoldeten Blumen auf blauem Emailgrunde an den Wänden und an dem den Deckel bildenden Kegeldache verziert, welches von einem Kreuze bekrönt wird; das Innere ist ganz vergoldet. hch.: 0,115 m; Dchm.: 0,066 m. — Limousiner Arbeit. 13. Jahrhundert.

651. Part. r. S. I.

267. Desgleichen von ähnlicher Form, mit einem Knaufe auf der Spitze des Kegeldaches; das Kreuz ist abgebrochen. Die Emailverzierung besteht aus Kreisformen, Halbkreisbögen und Ranken auf blauem Grunde; Nietlöcher in den vier Kreisfeldern deuten auf einstigen Schmuck mit Steinen; ebenso an zwei Stellen des Deckels, während an einer dritten noch die aufgenietete, aber leere Fassung vorhanden ist; das Innere ist vergoldet. hch.: 0,09 m; Dchm.: 0,066 m. — Limousiner Arbeit. 13. Jahrhundert.

652. Part. r. S. I.

268. Desgleichen mit Knauf und Kreuz auf der Spitze des Deckels; der Emailschmuck besteht aus Blumen auf blauem und türkisfarbenem Grunde; Thurmspitze, Knauf und Kreuz sind vergoldet; ebenso das Innere. Höh.: 0,125 m; Dchm.: 0,067 m. — Limousiner Arbeit. 13. Jahrhundert.

633. Part. r. S. I.

269. Desgleichen mit theils vergoldeten, theils bunt emaillirten Blumen und Ranken auf blauem Emailgrunde; Thurmspitze, Knauf und Kreuz vergoldet, wie auch das Innere. Höh.: 0,11 m; Dchm.: 0,069 m. — Limousiner Arbeit. 13. Jahrhundert. Abb. Taf X.

654. Part. r. S. I.

270. Desgleichen; an der Wand und der Dachfläche mit theils vergoldeten, theils bunt emaillirten Blumen und mit Halbfiguren von Engeln auf blauem Grunde verziert; Dachspitze, Knauf und Kreuz, sowie das Innere sind vergoldet; neben den Oehren des Verschlusses hängt an einem Ringe ein Kettchen, woran der Stift zum Verschlusse befestigt war. Höh.: 0,115 m; Dchm.: 0,066 m. — Limousiner Arbeit. 13. Jahrhundert. — Abb. Taf. X.

633. Part. r. S. I.

271. Ciborium von vergoldetem Kupfer mit Gravirung. Cupa und Deckel sind schalenförmig und beide in gleicher Weise mit Engelsbrustbildern in Medaillons und mit Ranken gravirt. An der Spitze auf dem Deckel fehlt die Endigung über dem gewundenen Knauf; ein gleicher, etwas größerer Knauf ziert den Schaft des Fußes, welcher sich nach unten zu einer runden Platte erweitert; letztere ist in gleicher Weise mit Gravirungen geziert wie Cupa und Deckel. Der Deckel ist nur zum Abheben ohne weiteren Verschluß hergerichtet. Das Innere ist ebenfalls vergoldet. Höh.: 0,197 m; Dchm. der Cupa: 0,105 m; Dchm. der Fußplatte: 0,088 m. — Spätzeit des 13. Jahrh.

663. Part. r. S. I.

272. Bruchstück eines Ciboriums — Cupa und Deckel — von vergoldetem Kupfer und gravirt. Die Cupa hat die Form einer flachen Schale mit aufrechtem Rande; unten in der Mitte befindet sich noch der Zackenkranz zur Befestigung des abhanden gekommenen Fußes. Um diesen her ist viermal das Monogramm Jesu in Kreisformen auf der Unterseite der Cupa gravirt. Der Deckel von ähnlicher Form ist etwas gewölbt und zeigt ebenfalls in der Mitte der Oberseite einen Zackenkranz, welcher einst zur Befestigung der abhanden gekommenen Spitze diente. Die Gravirung der Oberseite zeigt vier Medaillonformen mit Engelsbrustbildern und dazwischen Rankenwerk; in letzterem sind noch die Reste der Fassung von 4 Steinen (Cabochons?) mehr oder weniger erhalten. Scharnier-Verschluß. Das Innere ist ganz vergoldet. Dchm.: 0,110 m; Höh.: 0,050 m. — 13. Jahrhundert.

728. Part. r. S. I.

Nr. 273 bis 285: verschiedene Metallarbeiten.

273. Evangelistenzeichen des h. Markus; geflügelter Löwe mit Nimbus um den rückwärts gewandten Kopf und mit einer Schrifttafel zwischen den Vordertatzen. Relief, aus starkem Kupferblech getrieben, vergoldet und emaillirt (champlevé). Ehemals wohl in der üblichen Zusammenstellung mit dem Salvator mundi in der Mandorla und den übrigen Evangelistenzeichen zum Schmucke eines Retabulums oder eines Reliquienschreines dienend. Flügel, Mähne und Rücken sind emaillirt, Kopf, Nimbus und die untere Hälfte des Körpers vergoldet; die Augen waren wohl durch eingesetzte Glasflüsse gebildet; auf den beiden Schenkeln sind romanische Blattformen eingravirt, welche zum Theil mit Email verziert waren. lg.: 0,121 m; hch.: 0,113 m. — Ausgezeichnete Limousiner Arbeit des 13. Jahrhunderts. — Abb. Taf. XIII.

698. Part. r. S. I.

274. Beschlägtheil, aus Kupferblech geschnitten; viereckig umrahmte Kreisform, in durchbrochener Arbeit das Evangelistenzeichen des Markus enthaltend. (Späte und rohe Nachahmung eines alten Vorbildes?) 0,070 m : 0,065 m.

725. Part. r. S. I.

275. Gewandschließe in Medaillonform. Dchm. 0,05 m; st.: 0,008 m. — In den vertieften Grund der Vorderseite ist ein gestanztes vergoldetes Silberplättchen eingesetzt, dessen Reliefdarstellung zwei nimbirte Engel zur Seite eines Candelabers zeigt, über welchem das beschädigte Brustbild Christi schwebend erscheint. Der glatte, schräge innere und der gerade äußere Rand ist mit Silberblech bekleidet; den Körper der Schließe bildet eine Kupferplatte, an deren Rückseite sich die Angel und der Haken für die nicht mehr vorhandene Nadel befinden. Spätbyzantinisch? — Abb. Taf. XV.

879. Part. r. S. I.

276. Gewandschließe von Bronze, vergoldet. Kreisförmig, durchbrochen gearbeitet, die Kreisform umschließt das durch enge Ligatur gebildete Monogramm Mariä in lateinischer Capitalform. Die Nadel fehlt. Dchm.: 0,035 m. — 12. Jahrhundert?

723. Part. r. S. I.

277. Gürtelschließe, Fragment, von Bronze. Bruchstück des Schleifengliedes; die viereckige Schleife ist durch ein Stäbchen mit einer Fratze (Löwenkopf?) verbunden, an deren Rachen sich eine aus Drachen und Stabwerk gebildete große, durchbrochen gearbeitete Zierplatte anschloß; von letzterer ist nur eine Drachenfigur und ein Rest von Stabwerk übrig. lg.: 0,07 m. — 12. oder 13. Jahrhundert.

722. Part. r. S. I.

278. Gewandschließe von Kupfer in Medaillonform. Dchm.: 0,040 m. — Auf der Vorderseite ein weibliches Brustbild; der Kopf ist gravirt, Gewandtheile und der Grund sind weiß (ehemals roth?) und blau emaillirt (Gruben-Email). An der Rückseite befindet sich noch Scharnier und Haken; die Nadel fehlt. Um 1200.

707. Part. r. S. I.

279. Gewandnadel von Bronze in Vierpaßform durchbrochen gearbeitet mit Imitation gefaßter Steine in grünem und blauem Email. An der Rückseite befinden sich Haken und Scharnier; die Nadel ist nicht mehr vorhanden. Dchm.: 0,042 m. — 13. Jahrh.? — Abb. Taf. XV.

702. Part. r. S. I.

280. Gürtelschließe von vergoldetem Kupfer, durchbrochen gearbeitet und ciselirt. An einer Spange mit Scharnier ist beweglich ein Ring befestigt, welcher eine phantastische Thiergestalt (drôlerie) und Rankenwerk umschließt; ein rundes Loch im Leibe des Thieres enthielt den Zapfen, welcher in das fehlende Schlingenglied eingriff. Länge der Spange: 0,077 m; Dchm. des Ringes: 0,048 m. — Um 1300. — Abb. Taf. XV.

695. Part. r. S. I.

281. Gürtelschließe (Hakenglied) von Bronze mit rothen, blauen, weißen und grünen Emailverzierungen (champlevé). An zwei flache Stäbe, deren Rückseite die Zapfen zur Befestigung am Gürtel besitzt, schließt sich ein Medaillon und an dieses als Endigung eine dreiblätterige Palmette an, an deren Unterseite sich der Zapfen zum Einhängen in die Schlinge des nicht mehr vorhandenen anderen Schließengliedes befindet. lg.: 0,052 m. — 13. bis 14. Jahrh. — Abb. Taf. XV.

708. Part. r. S. I.

282. Eckbeschläge eines Buchdeckels. An eine kleine, feuervergoldete Kapsel von Kupferblech zur Fassung eines nicht mehr vorhandenen Steines schließen sich nach zwei Seiten im rechten Winkel ausgehende Filigranornamente von feuervergoldetem Kupferdrahte an. Länge eines Schenkels: 0,041 m. — 13. Jahrh. — Abb. Taf. XIII.

712. Part. r. S. I.

283. Eckbeschläge eines Buchdeckels. Wie Nr. 282. Länge eines Schenkels: 0,051 m. — Abb. Taf. XIII.

713. Part. r. S. I.

284. Eckbeschläge eines Buchdeckels. Wie Nr. 282; doch ist der Stein, Onyx, noch in der Fassung erhalten. Länge eines Schenkels: 0,042 m. — Abb. Taf. XIII.

714. Part. r. S. I.

285. Eckbeschläge eines Buchdeckels. Wie Nr. 282; der Stein, Bergkrystall, ist noch in der Fassung erhalten. Länge eines Schenkels; 0,047 m. — Abb. Taf. XIII.

715. Part. r. S. I.

VI. Verschiedene Gegenstände.

286. Viereckiges Kästchen von Eichenholz mit gewölbtem Deckel, an allen Seiten, mit Ausnahme der Bodenfläche, mit geschnitzten Elfenbeinplatten belegt, welche phantastische, in Bandverschlingungen eingeflochtene Thiergestalten zeigen und durch feuervergoldete, mit Thierköpfen und Ornament in Reliefguß und Ciselirung verzierte Kupferstäbe und gravirte feuervergoldete Kupferplatten befestigt sind. Hch.: 0,14 m; br.: 0,26 m; tief: 0,26 m. — Nordischer oder wahrscheinlicher orientalischer Herkunft; ursprünglich im Dome zu Bamberg und durch die Ueberlieferung als „Schmuckkästchen der h. Kunigunde" bezeichnet. Frühmittelalterlich. Aus der v. Reider'schen Sammlung. — Abb. Taf. XII. Obere und vordere Ansicht. — vgl. Kunstsch. a. d. b. Nationalmus. Bl. 217. — W. Weingärtner a. a. O.

508. Part. r. S. I.

287. Blutfläschchen, Reliquie, in einer Kapsel, welche durch einen Abschnitt einer Papyrusstaude (?) gebildet wird. Aus der Reliquienthefe im Rücken des hölzernen Crucifixus aus Bamberg (Nr. 153). lg.: 0,035 m. — 13. Jahrhundert?

729. Part. r. S. I.

288. Reliquienkapsel, kreisförmige Büchse von Holz mit convexem Deckel und Boden. Dchm.: 0,1 m. — Die Reliquien bestehen namentlich aus Gewandtheilen von Leinen, Seide und Baumwolle; auf dem Deckel ist ein Verzeichniß des Inhalts in der Schriftform des 12. Jahrhunderts aufgeschrieben. — Sie befand sich ursprünglich in der Reliquienthefe im Rücken des hölzernen Crucifixus aus Bamberg (Nr. 153).

736. Part. r. S. I.

289. Kopf von Wachs; ursprünglicher Ausguß einer der Figuren der sog. „goldenen Altartafel" aus dem Baseler Münster. Hch.: 0,10 m; br.: 0,07 m; stark: 0,06 m — Um 1200. — Geschenk des Herrn Dr. J. H. von Hefner-Alteneck.

772. Part. r. S. I.

290. Salzgefäß (?), von Speckstein geschnitten in Form eines kleinen viereckigen Gebäudes mit einer doppelten Rundbogen-Arkade auf Pfeilern an jeder Seite, einer Sockelplatte und einer Deckplatte, welch' letztere die runde, schalenförmige Vertiefung enthält; der untere Theil ist viereckig ausgehöhlt. An allen vier Seiten sind Ornamente — geometrische Muster, an der Deckplatte auch Kerbschnittornamente — angebracht, welche einst ganz mit rother Farbe eingerieben waren. Hch.: 0,092 m; br.: 0,070 m. — Romanisch?

312. Part. r. S. I.

291. Täfelchen von terra sigillata mit der Reliefdarstellung des jugendlichen Christus mit Maria und Johannes zu den Seiten; der untere Theil des Täfelchens ist abgebrochen, so daß die Figuren nur noch als Brustbilder erscheinen. hch.: 0,024 m; br.: 0,036 m; st.: 0,009 m. — Byzantinisch. — 11. bis 13. Jahrhundert.

806. Part. r. S. I.

292. Figurine, von Koralle roh geschnitten; weiblich; die linke Hand hält ein Gefäß, die rechte ist vor die Brust gelegt. Falten und Haupthaar fallen schlicht herab; durch die ganze Figur geht ein dünner Metallstift. Kluge Jungfrau oder eine der drei Marien am Grabe? hch.: 0,042 m.

807. Part. r. S. I.

293. Futteral für einen Kamm, von Holz, mit eingeschnittenen geometrischen Rosetten oder unregelmäßigem Maßwerk. lg.: 0,117 m; br: 0,058 m; st.: 0,013 m. Mittelalterlich?

673. Part. r. S. I.

VII. Miniaturen und Schriftproben.

294. Pergamentblatt in 4⁰, beschrieben und bemalt; Ausschnitt aus einem Breviar. Die obere Hälfte der Vorderseite nimmt eine Miniaturdarstellung der Bergpredigt auf blauem Grunde in viereckigem Felde ein, dessen Rahmen an den Ecken und in der Mitte der vier Seiten mit rautenförmigen Feldern besetzt ist, welche die acht Cardinaltugenden Fides, Humilitas, Karitas, Patientia, Fortitudo, Justitia, Temperantia und Spes als weibliche Figuren mit und ohne Attribute enthalten. — Den Rest dieser und die ganze Rückseite füllt der Text der Gebete für die ersten Tage des November bis zum 9. desselben Monats (Fest des h. Theodor) mit drei schlichten Initialen. — 12. Jahrhundert.

497. Part. r. S. II.

295. Pergamentblatt in 8⁰, Ausschnitt aus einem Brevier des 12. Jahrhunderts. Die eine Seite trägt die miniirte Darstellung der Kreuzesgruppe in schwarzer und rother Umrißzeichnung; Körpertheile und Gewänder der Figuren zeigen die Farbe des Pergaments; der sie umgebende Grund ist grün mit rothen Randstreifen; die Nimben Mariä und des Johannes sind gelb, ebenso Stamm und Balken des Kreuzes zur Hälfte. Der äußerste umgebende Randstreifen ist mit ornamentalen, in rother Farbe gezeichneten Mustern gefüllt. — Die Rückseite enthält den Text des Canon Missae zum Theile; die Initiale T, mit Rankenwerk verziert auf farbigem Grunde, erhebt sich auf dem Rücken eines liegenden Thieres (Hundes?).

500. Part. r. S. II.

296 bis 317. Zweiundzwanzig Blätter von Pergament in 8⁰ von einem Breviarium aus dem 12. Jahrhundert.

502/512. 904/914. Part. r. S. II.

296/98. Drei Blätter des Calendariums, die Monate März, April und September bis Dezember inclusive enthaltend.

Vier Blätter sind je auf einer Seite illustrirt in theils schwarzer, theils rother Umrißzeichnung auf dem ungefärbten Pergamentgrunde; der die Figuren umgebende Grund ist blau mit grünen Randstreifen oder auch grün mit blauen Randstreifen. Die Darstellungen sind:

299. Christi Himmelfahrt.

300. Tod Mariä.

301. Christus als Weltenrichter thronend.

302. Abraham, thronend, in seinem Schooße fünf Seelen in Gestalt kleiner Figuren haltend; am Gewandsaume über und unter der mittleren dieser Figuren ist mit rother Farbe der Name Gerolt Hirsil eingeschrieben.

Die Blätter 303—315 enthalten den Text einer Reihe von Psalmen, 316 und 317 Gebete; die Initialen sind mit Rankenwerk verziert und in der farbigen Behandlung den Illustrationen gleichartig.

Bayerische Klosterarbeit.

318. Pergamentblatt in 8°, Ausschnitt aus einem Missale, beschrieben mit der praefatio missac; auf der Rückseite ist zwischen Zeile 3 und 4 das Kreuzzeichen (signum), ornamental durch Blattranken nach der Form des Buchstaben W gestaltet, mit rother Farbe gezeichnet. — Spätzeit des 12. Jahrhunderts.

501. Part. r. S. II.

319 bis **326.** Acht Pergamentblätter in 8° und Abschnitte solcher von einem Breviarium aus der zweiten Hälfte des 13. Jahrhunderts.

262/266. 492. 515. 520. Part. r. S. II.

Die Blätter 319—322 bilden einen Theil des Calendariums mit den Monaten Januar bis April und September bis Dezember inclusive; jede Seite zeigt eine Rund-bogenstellung von zwei gekuppelten Bögen auf Säulen in einfacher Architekturform, deren erstes Interkolumnium die Monatstage in schwarzer und rother Schrift, das zweite Interkolumnium eine jugendliche männliche, nimbirte Gestalt enthält, welche das treffende Zeichen des Thierkreises, in eine Kreisform eingeschlossen, in den Händen hält; die Figuren sind recto stets in grünem und rothem, verso in blauem und violettem Gewande auf Goldgrund gemalt, welcher von einem ein- oder zweifarbigen Randstreifen umgeben ist.

323. Beschnittenes, auf beiden Seiten bemaltes Blatt, recto die Verkündigung Mariä, verso die Geburt Christi.

324. Desgl., am unteren Rande gekürzt, recto die Kreuzesgruppe, verso der thronende Salvator.

325. Desgl., auf der einen Seite mit der Initiale D bemalt, auf der anderen beschrieben.

326. Wie vorhin, Initiale Q.

Aus dem Kloster Weingarten.

327. Pergamentblatt, Ausschnitt aus einem Antiphonar, auf beiden Seiten mit miniirten Initialen (A und C), Text und Neumen im vierzeiligen System beschrieben; Antiphonie für den ersten Advent-Sonntag. hch.: 0,185 m; br.: 0,225 m. — Zweite Hälfte des 13. Jahrhunderts.

525. Part. r. S. II.

328. Pergamentblatt, Ausschnitt aus einem Brevier. hch.: 0,145 m; br.: 0,092 m. Auf beiden Seiten bemalt, recto die Taufe Christi, verso die Kreuzesgruppe, farbig auf Goldgrund mit gelbem und rothem, resp. grünem und rothem Randstreifen. — 13. Jahrhundert.

513. Part. r. S. II.

329. Pergamentblatt, beschrieben und miniirt; Ausschnitt aus einem Breviar; hdj.: 0,∤55 m; br.: 0,∤02 m. Die eine Seite enthält ein Textfragment eines Gebetes und unter demselben die Darstellung der Enthauptung der h. Margarethe mit schwarzen Umrissen und in lebhaften, wenig abgetönten Farben auf Goldgrund gemalt. In gleicher Weise ist die andere Seite vollständig mit einer Darstellung aus der Legende des h. Nikolaus bemalt. — Gegen Schluß des ∤5. Jahrhunderts.

5∤4. Part. r. S. II.

VIII. Inschriften.
(vgl. auch die Gypsabgüsse Nr. 62∤, 622.)

330. Schrifttafel, unregelmäßig viereckige Platte von gebranntem Thon, hdj.: 0,∤7 m—0,∤85 m; br.: 0,∤2 m—0,∤55 m. — Die Inschrift: Chunigunt. Peccatrix. Huius. Loci. S(ancti). Dominatrix. Ista(m). Construe(n)s. Aula(m). II⁰. Non̄(is). Marcii. Ob(iit). A. M.⁰ XX. ist ohne große Sorgfalt eingegraben; die Zeilen sind durch eingeritzte Linien getrennt. — Grabinschrift der Gräfin Kunigunde von Dießen, † ∤020.

867. Part. ∤. S. II.

331. Inschrifttafel von Blei, viereckig; hdj.: 0,245 m; lg.: 0,500 m. — Die Inschrift, in 6 durch Stäbchen geschiedene Zeilen getheilt, lautet: ·:· BERHTOLDVS· DVX·BAͰWE · θ·ANNO·D̄N̄I·DCCCC·XXX·VII·HEIR'·FILI'·EIVS; θ·DCCCC· LV·QVI·DED'VNT·NOB'·OSṪAVVE· Die Buchstabenform ist die des ∤5. Jahrh.

Die Tafel wurde a. ∤6∤7 im Kloster Niederaltaich im Grabe der genannten Herzoge gefunden. s. Monumenta Boica, Vol. XI. p. 7 und Tab. I. Kalender für katholische Christen auf das Jahr ∤879. Sulzbach. S. 60.

674. Part. r. S. II.

IX. Spätbyzantinische, russische und neugriechische Werke.

(vgl. die beiden Gypsabgüsse Nr. 484, 485.)

Die folgende Gruppe, Nr. 332—387, welche spätbyzantinische, neugriechische und russische Kunstwerke umfaßt, findet ihre Stelle hier, um im Zusammenhange mit den weiterhin folgenden Nachbildungen von Werken der älteren byzantinischen Kunst das Bild der Entwickelung auf diesem Stilgebiete zu vervollständigen. Der byzantinische Einfluß, an vielen Originalwerken der romanischen Epoche ersichtlich, erhielt sich, wie das Tafelgemälde italienischen Ursprunges Nr. 363 zeigt, bis gegen Beginn des 14. Jahrhunderts in der italienischen Malerei, während diese später, nachdem sie ihre eigene Entwickelung gewonnen, von der zweiten Hälfte des 15. Jahrhunderts an auf die noch völlig byzantinisch geschulte russische und griechisch-orientalische Kunst einzuwirken begann, ohne doch die Tradition beseitigen zu können. Beide Richtungen, welche bis in die neuere Zeit neben einander her gingen, finden sich in Werken dieser Gruppe vertreten.

Schnitzwerke in Holz und Elfenbein.

332. Standbild von Holz; Maria mit dem Jesuskinde, das sie in einer Gewand-falte stehend an ihrer linken Seite hält. Maria trägt eine Zackenkrone, ein Kopftuch, einen hochgegürteten goldenen Leibrock und ein geblümtes Uebergewand; das Kind, welches die rechte Hand segnend erhebt und in der linken Hand den Reichsapfel hält, ist ähnlich gekleidet, aber barhäuptig. Die Hautfarbe beider Figuren ist braun. hch.: 0,445 m. — Neugriechisch? 16. bis 17. Jahrhundert.

243. Part. r. S. I.

333. Kreuz von Buchsbaumholz, allenthalben mit ornamentaler und figürlicher Schnitzerei — Leben Jesu mit begleitenden griechischen Inschriften — in Relief und durchbrochener Arbeit bedeckt; hch.: 0,145 m; br.: 0,088 m; st.: 0,022 m. Den Kreuzes-stamm bekrönt ein zierliches Säulchen, worauf der seine Jungen nährende Pelikan steht; ein glatter, cylindrischer, 0,11 m langer Griff mit geschnitztem Kapitäle unter dem Kreuzesstamme dient zur Einfügung in einen 0,16 m hohen achteckigen Untersatz von der Gestalt eines aus vier sich verjüngenden Kielbogenarkaden nebst Sockel bestehenden Thurmes, welcher ebenfalls an allen Seiten mit Schnitzereien der vorhin bezeichneten Art bedeckt ist. Totale Höhe: 0,38 m. Griechische Klosterarbeit unter italienischen (venezianischen) Einwirkungen. — Erste Hälfte des 16. Jahrhunderts. — Eine auf der Standfläche des Untersatzes eingeschnittene, schwarz eingeriebene Inschrift in griechischer

Kapitalform meldet, daß dies Kreuz am 10. Januar 1538 zum Feldzuge des wohl=
gebornen Führers Herrn Antonios nach langjähriger Arbeit vollendet wurde.

241. Part. r. S. I.

334. Kreuz von Birnbaumholz mit einem Griffe am unteren Ende, am oberen
mit Messingbeschläge und einem Ringe. Die Vorder= und Rückseite enthalten in je
4 architektonisch umrahmten Feldern figürliche Reliefschnitzereien; Vorderseite: die Taufe
Christi, umgeben von 4 Halbfiguren; Rückseite: die Kreuzesgruppe, ebenfalls von 4 Halb=
figuren umgeben. Höhe des Kreuzes: 0,13 m; Querbalken lg.: 0,078 m; stark: 0,018 m;
totale Höhe (ohne den beweglichen Ring): 0,25 m. — Griechische Klosterarbeit. 16. bis
17. Jahrhundert.

245 Part. r. S. I.

335. Anhängekreuzchen von Buchsbaumholz mit Reliefschnitzerei auf beiden Seiten,
einerseits der Gekreuzigte, andererseits die Begegnung Mariä und Elisabeths. Hch.: 0,045 m;
Querbalken lg.: 0,025 m; br.: 0,010 m; st.: 0,004 m. — Russisch? 17. Jahrhundert oder ff.

265. Part. r. S. I.

336. Viereckiges Täfelchen von Birnbaumholz mit durchbrochener, vergoldeter
Schnitzerei, die mit dem Jesuskinde thronende Maria darstellend, umgeben von zwölf
Prophetenbrustbildern; am oberen Rande sind in griechischer Sprache die Anfangsworte
des bezüglichen Hymnus eingeschnitten: „Die Propheten oben haben Dich vorher ver=
kündet." vgl. Das Handbuch der Malerei vom Berge Athos, Trier 1855, Nr. 398,
S. 285 f. Hch.: 0,053 m; br.: 0,048 m. — Byzantinisch=russisch. 16.—17. Jahrhundert.

254. Part. r. S. I.

337 und **338.** Vorder= und Rücktheil einer medaillonförmigen Kapsel von Birn=
baumholz, in den Kreisflächen beider Seiten mit durchbrochener figürlicher und ornamentaler
Schnitzerei nebst griechischen Inschriften verziert; am oberen und unteren Rande befindet
sich eine durchbrochen geschnitzte Auskragung von der Form eines byzantinischen Kuppel=
thürmchens. Einzelne Stellen tragen Spuren von Vergoldung sowie rother und grüner Farbe.

247 und 248. Part. r. S. I.

337. Die Vorderseite enthält die Darstellung des Stammbaumes Christi (Wurzel Jesse),
338. die Rückseite den thronenden Salvator mundi von Weinlaubranken umgeben,
deren Windungen ringsum in zwei Zonen Brustbilder der Apostel und
anderer Heiligen umschließen; die griechische Inschrift ist entnommen aus dem
Evang. Joh., Cap. 15, 1: Ich bin der Weinstock ꝛc.

Dchm. des Medaillons: 0,065 m; mit den Auskragungen lg.: 0,096 m. —
Byzantinisch=russisch. 16. bis 17. Jahrhundert.

339. Medaillon von Birnbaumholz mit durchbrochener figürlicher und ornamentaler
Schnitzerei auf beiden Seiten und einer durchbrochen geschnitzten Auskragung von der
Form eines Thürmchens am oberen und am unteren Rande; Rand und Thürmchen
sind durch rothe und schwarzblaue Punkte verziert. Vordertheil und Rücktheil sind für

sich als getrennte Hälften des Medaillons hergestellt und durch ein ihre Außenränder umschließendes aufgeklebtes grünes Seidenband verbunden. Die Vorderseite zeigt die Darstellungen der Dreifaltigkeit, der Verkündigung Mariä und der Geburt Christi, die Rückseite die Kreuzigung Christi, die Grablegung und das Pfingstwunder. Dchm. des Medaillons: 0,061 m; mit den Auskragungen lg.: 0,087 m. — Byzantinisch-russisch. 16. bis 17. Jahrhundert.

249. Part. r. S. I.

340 bis 341. Panagia, Kapsel (Pektorale) aus zwei geschnitzten Elfenbeinscheiben in Metallfassung bestehend; die letztere ist mit ornamentalem Email (cloisonné), Filigran und Steinen verziert, welch' letztere jedoch aus ihren kastenförmigen Fassungen ausgebrochen und nicht mehr vorhanden sind.

252 und 253. Part. r. S. I.

340. An der Außenseite in der Mitte eine Kreisform, innerhalb deren die Elfenbeinschnitzerei die Heiligen Basilius, Gregor und Johannes (Ivan) zeigt;
ringsum 12 kleinere Medaillons mit Heiligen der orientalischen Kirche. Die
Innenseite zeigt die ganze Fläche der Elfenbeinplatte, von einem Schriftrande umsäumt und innerhalb desselben in gleicher Weise in Kreisformen
eingetheilt, wie die Außenseite. Darstellungen: in der Mitte die Mutter
Gottes von vier Cherubim umgeben; in den 12 kleineren Medaillons
Propheten. An den 4 Achsenscheiteln der Fassung befinden sich Charniere;
in dem obersten ist eine kleine Metallplatte befestigt, welche an der Innenseite einen Cherub, außen die Marterwerkzeuge Christi in Gravirung zeigt,
und an welcher der Ring zum Anhängen beweglich befestigt ist.

341. Die ganz übereinstimmend behandelte andere Hälfte der Kapsel zeigt an der
Außenseite in der Mitte die Kreuzesgruppe, umgeben von 12 Darstellungen
aus dem Leben Christi; innen das Mahl der drei Engel (?) umgeben von
den 12 Aposteln in Brustbildern. Charniere wie oben.

Dchm.: 0,120 m; Stärke: 0,015 m. — Russisch. 17. Jahrhundert.

342. Maßstab von Holz, worauf mehrere fremde Maße und eine Inschrift (russisch?) eingeschnitten sind. Der Griff ist mit oberflächlich eingeschnittenen, flecht-werkartigen Ornamenten und einem melonenförmigen Knaufe verziert. Das Ende des Stabes ist mit Eisenblech beschlagen. lg.: 1,075 m.

277. Part. r. S. I.

Metallarbeiten.

343. Relieftafel, Bronzeguß. Dargestellt sind in stehenden Figuren Christus und zu seinen Seiten Maria und Johannes der Täufer in der Art der byzantinischen Elfenbein-schnitzereien vom 9. bis zum 12. Jahrhundert. (Abguß einer solchen?) hch.: 0,118 m; br.: 0,097 m.

278. Part. r. S. I.

344. Anhängetäfelchen von Kupfer. Die eine Seite zeigt in stumpfem Relief ein Kreuz, von deſſen Fuße zwei Blattranken ausgehen, die andere Seite drei Heilige, von welchen die zu beiden Seiten ſtehenden bewaffnet erſcheinen. Am oberen Rande tritt ein kleines beſchädigtes Plättchen hervor; darunter befindet ſich ein kleines rundes Loch zum Anhängen. Hch.: 0,046 m; br.: 0,040 m; dick: 0,005 m. — Spätbyzantiniſch?

266. Part. r. S. I.

345. Medaillon von verſilberter Bronze mit einem Ringchen zum Anhängen. Der Avers zeigt in kräftigem Relief die drei Erzengel beim Mahle ſitzend, von einem Schriftrande mit ruſſiſcher Legende umgeben. Der Revers zeigt die Kreuzesgruppe, umgeben von einem breiten Schriftrande und einem Ornamentſtreifen byzantiniſchen Charakters. Dchm.: 0,041 m. — Ruſſiſch.

269. Part. r. S. I.

346. Anhängetäfelchen von Meſſing. Die Vorderſeite zeigt in Relief eine männliche Geſtalt in gegürtetem Leibrock, Mantel und Stiefeln, eine kleinere vor ihr knieende Geſtalt am Haarſchopfe faſſend und mit dem hochgeſchwungenen Schwerte niederſchlagend; aus einer Wolke ragt die dextera Dei hervor. Die ruſſiſche Inſchrift am oberen Rande, welche den h. Nikolaus (Nikita) nennt, wird von einem kleineren, das Haupt Chriſti zeigenden Plättchen bekrönt, an deſſen Rückſeite ſich ein Ring befindet. Hch.: 0,031 m; br.: 0,036 m; ſtark: 0,002 m. — Altruſſiſch.

267. Part. r. S. I.

347. Flügelaltärchen, Triptychon von Meſſing; der linke Flügel fehlt. Das Mittel=ſtück zeigt in Relief die ſtehende Figur des h. Nikolaus im geiſtlichen Ornate mit dem Nimbus um das Haupt, in der ausgeſtreckten linken Hand ein ruſſiſches Kirchenmodell, in der rechten ein erhobenes Schwert haltend; über ſeiner rechten Schulter ſchwebt, von einer Wolke getragen, die kleine Geſtalt Chriſti, links ebenſo Maria. Der rechte Flügel enthält zwei Darſtellungen aus der Legende. — Aeber dem Mittelſtücke iſt ein Aufſatz angebracht in Form eines viereckigen Täfelchens mit der Darſtellung der drei Erzengel, beiderſeits, frei hervorragend gearbeitet, je ein Seraph, darüber in einem kleineren viereckigen Täfelchen die vera icon; an der Rückſeite dieſes kleineren Täfelchens iſt ein Ring zum Anhängen angebracht. — Hch. mit den Aufſätzen: 0,106 m; ohne dieſelben: 0,068 m; Mittelſtück br.: 0,065 m; Flügel br.: 0,030 m. — Ruſſiſch. 16. bis 17. Jahrhundert.

257. Part. r. S. I.

348. Flügelaltärchen, Triptychon von Meſſing mit Reliefdarſtellungen; im Mittelſtück der h. Nikolaus wie in Nr. 347 in etwas kleinerem Maßſtabe; darüber ein kleiner Aufſatz in Form eines viereckigen Täfelchens mit der vera icon in Relief; rückwärts ein kleiner Ring zum Anhängen. — Die Flügel enthalten in je drei Feldern übereinander je ſechs Bruſtbilder, je einen Erzengel und fünf Apoſtel in Analogie mit byzantiniſchen Elfenbeintriptychen. Hch. mit Aufſatz: 0,069 m; ohne Aufſatz: 0,054 m; br. mit offenen Flügeln: 0,100 m; geſchloſſen: 0,052 m. Ruſſiſch. — 15. bis 16. Jahrhundert. — Geſchenk des Herrn A. von Hirſch, München.

268. Part. r. S. I.

349. Flügelaltärchen, Triptychon von Messing gegossen, ciselirt und emaillirt, mit Reliefdarstellungen auf der Vorderseite; im Mittelstück der h. Nikolaus in geistlichem Ornate mit dem Nimbus um das Haupt, mit der linken Hand ein Buch auf der Manipel und ein Patriarchenkreuz tragend, die rechte Hand lehrend oder segnend erhebend; über seinen Schultern schweben Jesus und Maria wie in Nr. 347; auch der Aufsatz über der Mitte und die Darstellungen auf dem rechten Flügel sind wie dort; auf dem linken Flügel ist unten die Darbringung Jesu im Tempel (?), oben der Einzug in Jerusalem dargestellt. Der Grund aller Reliefs ist mattblau emaillirt in geringer Technik. hch. mit Aufsatz: 0,090 m; ohne Auff.: 0,054 m; br. mit offenen Flügeln: 0,102 m; mit geschlossenen Fl.: 0,052 m. — Russisch. 16. bis 17. Jahrhundert.

256. Part. r. S. I.

350. Anhängetäfelchen von versilbertem Messing mit der Reliefdarstellung des h. Nikolaus von gleichem Typus wie in Nr. 349. Der Aufsatz in Form eines viereckigen Plättchens enthält die vera icon und ist rückwärts mit einem Ringchen zum Anhängen versehen. hch. mit Aufsatz: 0,061 m; ohne Aufsatz: 0,046 m; br.: 0,041 m. — Russisch. 16. bis 17. Jahrhundert?

270. Part. r. S. I.

351. Reliefplatte, von Messing gegossen, ciselirt und emaillirt; Hälfte eines Diptychon. Maria mit geneigtem Haupte und erhobenen Händen, der Verkündigungsscene entsprechend. Die stehende Figur ist ohne Email, nur den Rand ihres Nimbus umgibt eine Reihe von kleinen, abwechselnd weiß und gelb emaillirten Kreisformen; den blauemaillirten Grund schmücken weiße und gelbe Blattranken. In dem breiten Ornamentstreifen, welcher das Bild umgibt, erhebt sich aus dem weiß emaillirten Grunde ein Reihenmuster von Blumenranken im Formcharakter der Renaissance. hch.: 0,173 m; br.: 0,155 m; dick: 0,007 m. — Russisch? 16. Jahrhundert.

255. Part. r. S. I.

352. Flasche, von Zinn gegossen, mit Reliefdarstellungen, vierseitig mit zwei schmalen und zwei breiten Seiten, kurzem cylindrischen Halse, enger Mündung und schraubenförmigem Verschlußtheil, woran sich ein verzierter, beweglicher Ring befindet. — Die rohen, flachen Reliefs stellen dar: auf der einen Breitseite den h. Demetrius zu Pferde, einen am Boden liegenden Feind mit der Lanze durchbohrend; im Hintergrunde zwei Kirchen; in der Ecke rechts oben die dextera Dei, vor welcher eine Krone schwebt; die Inschrift Dimitrios ist in griechischen Majuskeln geschrieben. Die andere Breitseite zeigt in ähnlicher Darstellung den h. Georg, den Drachen erlegend; im Hintergrunde rechts die Burg mit den Eltern der erretteten Jungfrau, welch' letztere aber in der Darstellung fehlt; links eine Krone und darüber die dextera Dei; die Namensinschrift ebenfalls griechisch. — Die beiden Schmalseiten sind mit Rankenornamenten verziert, in deren je drei Windungen Vögel sitzen. — Alle vier Felder sind oben kielbogenförmig abgeschlossen. hch.: 0,240 m; br.: 0,095 m; dick: 0,047 m. — Griechisch. 15. bis 16. Jahrhundert?

276. Part. r. S I.

353. Kreuz von Bronze, Hälfte eines Reliquienbehälters, mit vertiefter Rückseite und Charnieren am oberen und unteren Ende. Die Vorderseite zeigt in Gravirung eine stehende Gestalt — Crucifixus? — von roher Zeichnung. hch.: 0,065 m; Querbalken lg.: 0,045 m. — Orientalisch.

261. Part. r. S. I.

354. Anhängekreuzchen, Messingguß, an der Vorderseite mit der Reliefdarstellung Mariä mit dem Jesuskinde, umgeben von vier Brustbildern, an der Rückseite der Gekreuzigte und darüber das Brustbild Gott=Vaters. lg.: 0,054 m; br.: 0,032 m. — Russisch. Mittelalterlich.

264. Part. r. S. I.

355. Kreuz von Bronze, Reliquienbehälter, aus Vorder= und Rücktheil bestehend, oben und unten mit Charnieren zur Verbindung und zum Verschluß versehen. Alle Enden haben eine Art Uleeblattform; auf der Vorderseite ist in Reliefguß und roher Ciselirung der Gekreuzigte dargestellt, umgeben von den Brustbildern Gott=Vaters, Mariä und des Johannes. Die Rückseite zeigt Maria mit dem Jesuskinde, gleichfalls umgeben von 3 Brustbildern. hch.: 0,10 m; Querbalken lg.: 0,068 m. — Orientalisch; mittelalterlich.

260. Part. r. S. I.

356 und **357.** Anhängekreuz von Bronzeguß in Form des Patriarchenkreuzes, aus einem Vorder= und Rücktheil zur Aufnahme einer Kreuzpartikel bestehend und vielfach durchbrochen.

274 und 275. Part. r. S. I.

356. Die Vorderseite zeigt den Gekreuzigten,

357. die Rückseite eine betende Figur in Relief.

Schaftlänge: 0,075 m; der größere Kreuzbalken lg.: 0,034 m. — Orientalisch unter abendländischem Einflusse. — 15. bis 16. Jahrhundert.

358. Anhängekreuz von Bronze gegossen, in Form des Patriarchenkreuzes; an der Vorderseite befinden sich Reliefdarstellungen: der Gekreuzigte, die Füße neben einander auf das Suppedaneum geheftet; über ihm 2 herabschwebende Engel, zu oberst das Haupt Gott=Vaters, — alle Darstellungen mit russischen Inschriften begleitet. An der glatten Rückseite befindet sich zu oberst ein Oehr. lg.: 0,083 m; der Querbalken lg.: 0,053 m. — Russisch. 15. bis 16. Jahrhundert. — Geschenk des Herrn Albert von Hirsch.

263. Part. r. S. I.

359. Kreuz von Bronze gegossen, in Form des Patriarchenkreuzes, mit einem Oehr an der Rückseite zum Anhängen. Die Vorderseite trägt Reliefdarstellungen — Christus am Kreuze, darüber die Taube des h. Geistes und zu oberst Gott=Vater; zu beiden Seiten der letzteren je ein herabschwebender Engel und ein sechsflügeliger Cherub — nebst zugehörigen Inschriften. Die glatte Rückseite trägt nur Inschriften in den oberen Theilen. lg.: 0,12 m; Querbalken lg.: 0,066 m. — Russisch. 16. Jahrhundert.

258. Part. r. S. I.

8

360. Anhängekreuz von Bronzeguß in Form des Patriarchenkreuzes; an der Vorderseite in Relief der Gekreuzigte, zu dessen Häupten ein Cherub und darüber das Haupt Gott-Vaters; an jedem Kreuzbalken-Ende 2 Halbfigürchen; zu Füßen ein Grab mit einem Schädel. Die Rückseite ist glatt und zu oberst mit einem Oehr versehen. Kreuzesstamm lg.: 0,092 m; längerer Querbalken: 0,058 m. — Russisch. 16. Jahrhundert?

262. Part. r. S. I.

361. Reliquienkreuz in der Form des Patriarchenkreuzes; Messingguß, mit Reliefs und ciselirt, aus einem Vorder- und Rücktheil zusammengefügt; acht Oeffnungen an der Vorderseite dienen zur Schau der (nicht mehr vorhandenen) Reliquien. An der Vorderseite ist die Figur des Gekreuzigten von Reliefguß aufgeheftet; über ihm, aus einer Form mit dem Kreuze gegossen, der Titulus in Renaissance-Cartouchenform mit lateinischer Inschrift; zu Füßen des Gekreuzigten die Relieffigur der Maria, auf dem Halbmonde stehend und die gefalteten Hände erhebend; beiderseits von ihr je ein Engel in unverhältnißmäßig größerem Maßstabe, die beiden Hände an den Kreuzesstamm legend. Die Darstellungen der Rückseite beziehen sich auf das h. Meßopfer. hch.: 0,158 m; größerer Querbalken lg.: 0,080 m; kleinerer: 0,062 m. — Abendländische Arbeit für orientalischen Gebrauch? Um oder nach 1600.

259. Part. r. S. I.

Malereien auf Holz und Pergament.

362. Temperagemälde auf Leder, auf Holz aufgezogen; viereckige Tafel. hch.: 0,175 m; br.: 0,115 m. — Vera icon; Sterbetafel; aus dem Kloster Kaisersheim. Nach orientalischem Vorbilde. Mittelalterlich.

227. Part. r. S. I.

363. Temperagemälde auf Holz, hch.: 0,24 m; br.: 0,185 m. — Brustbild einer weiblichen Heiligen ohne Attribute; Maria? Die Figur ist farblos mit schwarzer Zeichnung und goldenen Ornamenten auf dem Kreidegrund. Der Nimbus zeigt punktirte Ornamente und Reste der Vergoldung; Grund roth. — Italienisch; Schule des Margaritone; um Beginn des 14 Jahrhunderts?

252. Part. r. S. I.

364. Pergamentmalerei, Ausschnitt aus einem Buche. hch.: 0,155 m; br.: 0,10 m. — Schweißtuch der Veronica, „vera icon." Die Gesichtsfarbe ist grau-bräunlich. Unter der Malerei treten noch Schriftzüge vom Typus des 12. Jahrh. und Neumen hervor. — 14. bis 15. Jahrhundert?

242. Part. r. S. I.

365. Temperagemälde auf Holz, kreisrunde Tafel von 0,43 m Dchm. — Die von einem erhöhten, vergoldeten, 0,03 m breiten Rande umgebene Bildfläche enthält auf Goldgrund die Darstellung der Mutter Gottes, Kniestück, thronend und das Jesus-kind säugend. Die beiden Nimben mit ihren Ornamenten, wie die Gewandsäume an

Hals und Aermel der Maria sind in den Goldgrund gestochen. — Neugriechische Arbeit vom 15. bis 16. Jahrhundert unter italienischem Einflusse.

223. Part. r. S. I.

366. Temperagemälde von Holz, kreisrunde Tafel von 0,435 m Dchm. — Die von einem erhöhten, vergoldeten, 0,03 m breiten Rande umgebene Bildfläche enthält auf Goldgrund die Darstellung der Begegnung Maria's und der Elisabeth. Neugriechische Arbeit unter italienischem Einflusse. — 15. bis 16. Jahrhundert.

Vgl. Malerbuch vom Athos § 211 und 210. Gehörte wohl nebst Nr. 365 einem, das Leben Mariä darstellenden Cyclus an.

224. Part. r. S. I.

367. Temperagemälde, viereckige Holztafel, hch.: 0,33 m; br.: 0,25 m. — Geburt der Maria, nach dem Malerbuche vom Berg Athos § 390. — Griechische Arbeit. 15.—16. Jahrhundert.

240. Part. r. S. I.

368. Temperagemälde auf Holz; viereckige Tafel, hch.: 0,47 m; br.: 0,37 m. — Maria mit dem Jesuskinde, Halbfigur auf Goldgrund; zwei Engel halten über dem Haupte Marias die Krone, welche ebenso wie die Nimben, einzelne kleinere Ornamente und die Flügel der Engel, in den Goldgrund eingestochen ist. Handwerkliche Arbeit unter italienischem Einflusse. — 15.—16 Jahrhundert. (Aus Rumänien?)

241. Part. r. S. I.

369. Holztafelgemälde, viereckig, hch: 0,245 m; br.: 0,22 m. — Die eigentliche Bildfläche ist leicht vertieft, so daß ein oben und unten 0,038 m, an den Seiten 0,030 m breiter umrahmender Rand gebildet wird. Die ganze Tafel ist mit Goldgrund über= zogen. Dargestellt sind: links ein Priester mit einem Buche in der linken Hand; vor ihm rechts steht ein nackter Greis; auf dem oberen Rande innerhalb eines durch einen grünlichen Streifen (Regenbogen?) gebildeten, mit dem Scheitel nach unten gerichteten Halbkreises Christus im Bruststück mit den Namens=Chiffern zu den Seiten seines Hauptes. Eine weitere griechische Inschrift auf dem oberen Rande ist zum Theil beschädigt. Temperamalerei, theilweise in neuerer Zeit restaurirt. — Neugriechische Arbeit. 16. Jahrhundert.

239. Part. r. S. I.

370. Holztafelgemälde, viereckig, hch.: 0,25 m; br.: 0,19 m. — Christus, thronend in majestate Domini, von den 4 Evangelistenzeichen umgeben, die rechte Hand mit lehrender Geberde erhebend, mit der linken ein offenes Buch haltend, welches in griechischer Sprache die Legende enthält: „Ich bin das Licht der Welt, wer mir nach= folget, bleibt in mir und ich in ihm." Zu seinen beiden Seiten stehen auf dem Gold= grunde die Inschriften: Jesus Christus, und weiter unten: „der schreckliche Richter" in griechischer Sprache. Der aus 4 schlichten, schmalen Leisten bestehende Rahmen ist an mehreren Stellen mit Drahtringen zum Verschlusse mittelst eines nicht mehr vorhandenen

8*

hölzernen Flügels versehen. — Neubyzantinische Malerei (vom Berge Athos?). 15. bis 16. Jahrhundert.

238. Part. r. S. I.

371. Holztafelgemälde, viereckig; hch.: 0,28 m; br.: 0,245 m. — Die vertiefte Bildfläche ist von einem vergoldeten 0,05 m breiten Rande umgeben und zeigt links Maria mit dem Jesuskinde auf dem Arme, auf einem rothen mit goldenen Ornamenten verzierten Unterfatze stehend; die Häupter beider find mit vergoldeten Nimben von Blech umgeben, welche mit filigranartigem, getriebenen Ornament verziert find. Rechts stehen drei heilige Priester mit der Geberde der Verehrung; über ihren Häuptern stehen in goldener Schrift ihre Namen. Der Grund ist theilweise mit vergoldetem Blech belegt, welches mit geschlagenen Ornamenten — Rosetten in quadratischen Feldern — verziert ist. Unten in der rechten Ecke der Bildfläche ist mit schwarzer Farbe in arabischen Ziffern die Zahl 1094 eingeschrieben. — Neugriechische Arbeit, frühestens vom 16. Jahrhundert.

Auf der Rückseite ist mit Tinte geschrieben: **109 X** Hanc Imaginem Anno 1094 pictam Per haereditatem acquisivit R. R. Dna Maria Waldburga L. B. de Mändl Ord. S. P. Benedicti Professa in Hohenwarth 1715.

237. Part. r. S. I.

372. Temperagemälde auf Holz; hch.: 0,063 m; br.: 0,055 m; mit dem alten, schwarzen, blauen und vergoldeten Rahmen hch.: 0,167 m; br.: 0,155 m. — Die h. Dreifaltigkeit; Gott Vater und Gott Sohn thronend; letzterer hält mit der linken Hand die von dem Kreuze bekrönte Erdscheibe, auf welche ersterer die rechte Hand deutend legt; über ihnen schwebt die Taube. — Spätgriechische Arbeit. 16. bis 17. Jahrhundert.

228. Part. r. S. I.

373. Temperagemälde auf Holz; viereckige Tafel, hch.: 0,175 m; br.: 0,245 m. — Die Darstellung auf Goldgrund zeigt in der Mitte des Bildes eine mit kuppelförmigem Baldachin bedeckte, von einer Balustrade in Renaissanceformen umgebene Kapelle; durch die geöffnete Thüre, über welcher eine goldene Krone angebracht ist, erscheint im Innern eine priesterlich gekleidete Frau. Links von der Aedikula steht der h. Andreas (?), rechts die h. Helena. — Griechische Arbeit. 16.—17. Jahrhundert.

226. Part. r. S. I.

374. Holztafelgemälde, viereckig, hch.: 0,327 m; br.: 0,228 m. — Die h. Theodora von Alexandrien in ganzer Figur auf Goldgrund; mit der linken Hand hält sie ein entrolltes Schriftband mit griechischer Inschrift, einen Rosenkranz und ein Kreuz aus dünnen Stäben. Der Nimbus zeigt eine Musterung von gestochenen Renaissance-Ranken. Unter der Figur ein weißes, an den Enden gerolltes Schriftband, eine dreizeilige griechische Inschrift enthaltend. Zu beiden Seiten des Kopfes der Figur sind mit rother Farbe auf dem Goldgrunde in griechischer Capitalform die Worte geschrieben: Ἡἅγια Θεοδώρα Ἡ ἐν Ἀλεξανδρείᾳ — Griechische Arbeit (wohl aus Bulgarien stammend?) 17. Jahrh.

235. Part. r. S. I.

375. Temperagemälde auf Holz; mit Rahmen hch.: 1,395 m; br.: 0,875 m. — In dem Mittelfelde ist der h. Georg dargestellt in einem mit farbigen Steinen besetzten, vergoldeten Schuppenpanzer; darüber ein rother Mantel; in der erhobenen rechten Hand hält er ein Kreuz, in der linken ein Schwert; zwei Schrifttafeln beiderseits von seinem Kopfe enthalten in griechischer Schrift die Namen: Hagios Georgios. Um das Mittelfeld gruppiren sich 76 kleine Felder mit Darstellungen aus der Legende des h. Georg. — Neugriechische Arbeit (?) des 17. Jahrhunderts. Geschenk Ihrer Maj. der Königin Marie, 1864.

Das Bild stammt aus der Patriarchalkirche in Constantinopel und wurde im Jahre 1833 dem damaligen Kronprinzen Max von Bayern, der es hatte kaufen wollen, vom Patriarchen zum Geschenke gemacht „als dem Bruder des Königs Otto von Griechenland".

229. Part. r. S. I.

376. Temperagemälde auf Holz, viereckig, hch.: 0,315 m; br.: 0,275 m. — Auf braunem Grunde ist der h. Michael „der Sieger" unter reicher russischer Architektur dargestellt, wie er von goldenem Throne aus den Teufel niederschlägt. Russische Arbeit. Ende des 17. Jahrhunderts.

Auf der Rückseite ist ein Zettel mit folgender Inschrift aufgeklebt: Dieses Bild, mit unbekannter Schrift, welche kein Sprach-Verständiger auflösen können, hatt Herr Johann Jacob Penck von seiner Reise aus dem Gelobten Lande mitgebracht.

231. Part. r. S. I.

377. Temperagemälde auf Holz; viereckiges Täfelchen, wohl Kußtafel; hch.: 0,072 m; br.: 0,067 m. — Tod Mariä. (Vereinfachte Darstellung nach § 394 des Malerbuches.) Die Rückseite mit Messingecken zeigt auf rothem Grunde schwarz aufgemalt die Marterzeichen Christi. — Russisch? 17.—18. Jahrh.

246. Part. r. S. I.

378. Temperagemälde auf Holz, viereckige Tafel; 0,275 m hch., 0,230 m br. — Die von einem 0,02 m br. Rande umgebene Bildfläche enthält biblische und legendarische Darstellungen in drei horizontalen Reihen auf Goldgrund. — Spätgriechische, handwerksmäßige Mönchsarbeit. 17. bis 18. Jahrhundert.

225. Part. r. S. I.

379. Oelgemälde auf Leinwand ohne Firniß mit späterem vergoldeten Rahmen; hch.: 0,84 m; br.: 0,48 m ohne Rahmen; Rahmen br.: 0,068 m. — Halbfigur der Maria mit dem Jesuskinde, auf Goldgrund; zu beiden Seiten ihres Hauptes stehen auf dem Goldgrunde die Buchstaben ΜΗ ΘΥ Maria legt die rechte Hand auf die Brust, mit der linken hält sie den Knaben, welcher zu ihr emporblickt und mit der linken Hand ein Buch hält. Beide Gestalten tragen üppige goldene Kronen in den ornamentalen Formen des Rokokostiles; an jeder Krone steht in einer Kartouche über der Stirne in lateinischer Schrift: Roma. Maria trägt am Halse eine rautenförmige Reliquienkapsel mit der Aufschrift: De Peblo B.. Der dunkle Fleischton rührt nicht von

Nachdunkeln her. — Votivbild für eine lateinische Kirche im Orient? Erste Hälfte des
18. Jahrhunderts.

256. Part. r. S. 1.

380. Temperagemälde auf Holz, viereckig, mit altem Rahmen; hch.: 0,60 m;
br.: 0,493 m; ohne Rahmen hch.: 0,46 m; br.: 0,36 m. — In 6 horizontalen und
7 vertikalen Streifen mit architektonischen Umrahmungen in Rokokoformen sind Scenen
aus dem Leben Jesu und der Maria, dann Gott-Vater, Engel, Propheten, Apostel
und Heilige dargestellt. — Russisch. 18. Jahrhundert.

250. Part. r. S. 1.

381. Oelgemälde auf Eisenblech, hch.: 0,22 m; br.: 0,165 m (ohne Rahmen). —
Maria mit dem Jesuskinde, Bruststück auf Goldgrund; die Nimben sind schwarz mit
goldenen Ornamenten. — Griechische Arbeit. 18. Jahrhundert.

255. Part. r. S. 1.

382. Temperamalerei auf Holz mit Silberblechbekleidung; viereckig, hch.: 0,09 m;
br.: 0,075 m. — Der h. Demetrius, Halbfigur; in einem kleinen viereckigen Felde in
der linken oberen Ecke erscheint die Mutter Gottes mit dem Jesusknaben in kleiner
Halbfigur. Nur Köpfe und Hände der Figuren sind gemalt und durch Ausschnitte der
Silberblechbekleidung ersichtlich; alle übrigen Theile sind in Silberblech getrieben und
ciselirt mit stellenweiser Vergoldung. — Russisch. Frühestens 18. Jahrhundert.

271. Part. r. S. 1.

383. Temperagemälde auf Holz, hch.: 0,21 m; br.: 0,14 m. — Maria mit
dem Jesusknaben auf dem rechten Arme; Halbfigur. Der ehemalige Goldgrund ist
grün übermalt. — Griechische Arbeit? Erste Hälfte des 19. Jahrhunderts.

254. Part. r. S. 1.

384. Oelgemälde auf Karton, hch.: 0,093 m; br.: 0,057 m. Unter Glas mit
altem Rahmen. Kleine neuere Kopie von Nr. 379 mit Weglassung der Kronen auf
den Häuptern Mariä und des Jesuskindes.

251. Part. r. S. 1.

385. Oelgemälde auf Holz mit Silberblechbekleidung; viereckig, hch.: 0,178 m;
br.: 0,148 m. — Christus in majestate Domini; von der Malerei sind durch Ausschnitte der vergoldeten Silberblechverkleidung nur der Kopf und die beiden Hände sichtbar, deren linke auf der Weltkugel ruht und ein kleines Kreuz hält, während die rechte
lehrend erhoben ist. Die Weltkugel mit Kreuz, das Gewand, der Strahlennimbus und
der umgebende Rand von Rokoko-Ornamenten sind in Silberblech getrieben und ciselirt.
Die Rückseite ist mit rosafarbenem Sammet bekleidet. — Russische Arbeit. Um Mitte
des 19. Jahrhunderts.

272. Part. r. S. 1.

386. Oelgemälde auf Holz mit Silberblechverkleidung; viereckig, hch.: 0,115 m;
br.: 0,090 m. — Vera icon, Schweißtuch der Veronika; durch Malerei ist nur der

Kopf Jesu dargestellt und durch einen Ausschnitt in der Silberblechverkleidung sichtbar; letztere, leicht vergoldet, zeigt in getriebener Arbeit und Ciselirung das Schweißtuch und einige Rokoko-Ornamente. — Russisch. Gegen Mitte des 19. Jahrhunderts.

273. Part. r. S. I.

387. Evangeliarium, altarmenisch, auf Pergament geschrieben und miniirt von Bruder Nikolaus im Jahre 1506, in 8⁰. — Den Anfang machen zwölf bemalte Blätter mit Darstellungen aus dem Leben Jesu. Dann folgen Kanones, Calendarium u. s. w. Blatt 25 bis 287 recto enthalten den Text der Evangelien mit mehreren Lücken in Folge Ausschneidens einzelner Blätter. Die Initialen sind gemalt; am Rande neben dem Terte finden sich vielfach figürliche und ornamentale Malereien; die Versalien sind mit Gold geschrieben. Blatt 287 verso und Bl. 288 enthalten einen Anhang, in welchem sich der Schreiber nennt. — Der Einband mit Lederrücken und Deckeln von Pappe mit Lackmalerei von Blumen und Goldornamenten und an den Innenseiten eingeklebten Photographien Mariä und Jesu nach Kupferstichen ist modern. Der Schnitt ist roth. — Aus einem armenischen Kloster.

261. Part. r. S. II.

X. Gewänder und Stoffe.

Eine Reihe von Erzeugnissen der textilen Künste, Stoffe und Gewänder, welche dem hier umschriebenen Zeitraum angehören, haben ihre Stelle in der textilen Abtheilung der Fachsammlungen, I. Stock, Saal XVII.—XXIV., und werden in dem für die Veröffentlichung vorbereiteten Kataloge dieser Abtheilung näher beschrieben werden. Des künstlerischen und geschichtlichen Zusammenhanges wegen sei hier jedoch ein vorläufiger Hinweis auf die bezüglichen Gegenstände gegeben. f. I. Stock, Saal XVII.

Nr. 1—11. Theile von Gewändern aus ägyptischen Gräbern, Fundstücke von Theodor Graf in Wien. Spätrömisch, 4. bis 5. Jahrh. n. Chr.

Nr. 136. Einsatz (Tabula) von weißer Seide und eingewobenen Wollfäden von dunkler Purpurfarbe; quadratisches Feld mit mäanderartigem Muster. Aus einem ägyptischen Grabe, Fundstück von Dr. Franz Bock. Spätrömisch, 4. bis 5. Jahrh. n. Chr. Geschenk des Herrn Prof. Rudolph Seitz.

Nr. 20. Stoff von rother Seide und Goldfäden mit Löwenmuster; aus dem Domschatze in Halberstadt. Byzantinisch. 7. bis 9. Jahrhundert.

Nr. 12—16. Dalmatika Kaisers Heinrich II.; weißer figurirter Seidendamast mit breitem gestickten Besatze von Purpur, Goldfäden und Perlen. Aus dem Bamberger Domschatze. Byzantinisch. Anfang des 11. Jahrhunderts.

Nr. 17. Bischöfliche Mitra von weißer Seide mit Stickerei von Goldfäden und blauen, rothen und grünen Seidenfäden, welche die Umrisse der bildlichen Darstellungen, der Martyrien des h. Stephan und des h. Thomas von Canterbury, und der Inschriften und Ornamente bilden. Aus dem Kloster Seligenthal bei Landshut. Englische Arbeit? 1174 bis 1240.

Nr. 21. Stoff von rother Seide und Goldfäden mit dem Muster springender Löwen. Sarazenisch? 12. bis 13. Jahrhundert.

Nr. 24. Stoff von grüner Seide und Goldfäden mit Pflanzenmuster und breiter Borte, diese mit dem Muster von Vogel und Blatt. Sicilianisch? 13. Jahrhundert.

Nr. 26. Seidenstoff, gelb und violett; über einem mandelförmigen Blattornamente, welches zwei Hunde umschließt, liegen zwei Drachen. Sicilianisch? 13. Jahrhundert.

Nr. 27. Seidenstoff, roth, grün und gelb mit Goldfäden; das Muster enthält Blattwerk, einen sitzenden Hund und ein hängendes Hiefhorn. Italienisch? 13. bis 14. Jahrhundert.

Nr. 28. Seidenstoff, gelb und grün; das Muster enthält zwei Vogelpaare von Blattranken umgeben. Sicilianisch? 13. bis 14. Jahrhundert.

Nr. 29. Wollstoff, gelb und violett, mit zartem Blatt- und Rankenwerk, welches Granatäpfel und fliegende Vögel enthält. Sicilianisch? 13. bis 14. Jahrhundert.

Nr. 30. Fünf Abschnitte eines weißen und schwarzen Seidenstoffes mit eingewirkten Goldfäden; das Muster besteht aus sitzenden Greifen und Löwen, strahlendem Stern und Blattwerk. Sicilianisch? 13. bis 14. Jahrhundert.

– –

Die Waffen und Rüstungen, welche diesem Zeitraume angehören, werden ihre Beschreibung in dem Kataloge der zweiten Abtheilung der Fachsammlungen, I. Stock, Saal I u. ff., finden.

B. Nachbildungen.

Gypsabgüsse.

I. Skulpturen von Stein und Holz; Bautheile.

388. Spätrömische Camee, hochoval, 0,03 m : 0,036 m, in das Vordertheil einer medaillonförmigen Metallkapsel eingefügt; die Skulptur zeigt das Brustbild einer hohen weiblichen Persönlichkeit (Augusta?) mit Diadem und Nimbus, das Profil nach rechts gewendet. — O. M.

925. Part. r. S. II.

389. Medaillon, hochoval, mit der Halbrelieffigur Christi, stehend und lehrend, nebst seinen Namenssiglen in griechischer Schrift. — Byzantinisch; 11. bis 12. Jahrhundert. — O. M.

989. Part. r. S. II.

390. Geschnittener Stein? medaillonförmig, hochoval, in die Vorderseite einer Metallkapsel gefaßt, mit der Reliefdarstellung Christi am Kreuze, zu seinen Füßen ein Schädel, zu beiden Seiten Maria und Johannes und oberhalb zwei schwebende Halbfiguren von Engeln. — 13. Jahrhundert. O. M.

991. Part. r. S. II.

391. Medaillon, hochoval, mit der Reliefdarstellung eines thronenden Herrschers; Scepter und Reichsapfel in seinen Händen sind mit einem Kreuze bekrönt. — Ende des 13. Jahrhunderts. — O. M.

990. Part. r. S. II.

392. Hermenartiges Standbild von Stein; Götzenbild? Das Antlitz und die am Leibe übereinander gelegten Arme sind an der Vorder- und Rückseite in der gleichen rohen Weise ausgemeißelt; der Rumpf besitzt die Form eines Pfeilers mit abgerundeten Ecken ohne Angabe von Körpertheilen. hch.: 1,90 m; br.: 0,43 m; stark: 0,22 m (am Rumpfe). — Gefunden im Walde bei Tübingen. — vgl. L. Lindenschmit, die Alterthümer uns. heidn. Vorzeit, II. Heft II. Taf. 5.

504. Part. I. S. VIII.

393. Hochrelief, männlicher Kopf; die beiden Spitzen des Kinnbartes rollen sich nach außen volutenförmig auf; Stein. An einem Pfeiler der Abteikirche von St. Emmeram in Regensburg eingemauert. — 12. Jahrhundert?

157. Part. I. S. VIII.

394. Tympanonrelief in rothem Marmor, Löwe und Drache zu beiden Seiten eines die Mitte einnehmenden Baumes. Vom Portal der St. Nikolauskirche bei Wartenberg in Oberbayern. — 12. Jahrhundert? — vgl. J. Sighart, die mittelalt. Kunst in der Erzdiöc. München-Freising. 1855. S. 248. — Geschenk des Herrn Karl, Malers in Erding.

166. Part. I. S. VIII.

395 bis **397.** Drei steinerne Relieffiguren Christi, des h. Emmeram und des h. Dionysius in der Vorhalle an der Nordseite der ehemaligen Klosterkirche St. Emmeram in Regensburg. — Nach 1163?

860 bis 862. Part v. S. I.

395. St. Emmeram.

396. St. Dionysius.

397. Thronender Christus nebst dem Brustbilde des Stifters der Vorhalle, Abt Reginward (1049—1061).

398. Hochrelief am linken Gewände des Portals an der Westseite des Domes in Freising; Kaiser Friedrich I. thronend; an seiner rechten Seite steht Bischof Albert I. von Freising. — Ende des 12. oder Anfang des 13. Jahrhunderts.

161. Part. I. S. VIII.

399. Hochrelief am rechten Gewände daselbst; Kaiserin Beatrix thronend und in der rechten Hand einen Apfel emporhaltend. — Mit dem vorigen gleichzeitig.

163. Part. I. S. VIII.

400. Kopf des Kaisers Friedrich I. von dem Relief am Freisinger Domportal, s. oben Nr. 398.

182. Part. I. S. VIII.

401. Relieffigur eines Kaisers, stehend und gerade aus blickend, an einem Pfeiler im Kreuzgange des Klosters St. Zeno bei Reichenhall. Friedrich I.? — Gegen 1200?

83. Part. I. S. VIII.

402. Reliefdarstellung aus der Thiersage, zu unterst der Fuchs, nach den beiden Figuren über ihm, dem Kraniche, der dem Wolfe den Knochen aus dem Halse zieht, emporblickend; in den beiden oberen Ecken des rechteckigen Feldes je ein Ornament von einfachem Flechtwerk. An demselben Pfeiler im Kreuzgange von St. Zeno bei Reichenhall, an welchem sich auch das vorige Relief, Nr. 401, findet.

90. Part. I. S. VIII.

403. Hochrelief, thronende Maria mit dem Jesuskinde auf dem linken Arme; dieses hält in der linken Hand ein Buch und erhebt die rechte, um den ihm von der

Mutter dargereichten Apfel zu ergreifen (?). Der Kopf des Kindes fehlt. Uebergang vom älteren zum späteren Typus. — 13. Jahrhundert. — Mittelfigur im Tympanon des Hauptportals der Abteikirche St. Zeno bei Reichenhall.

203. Part. I. S. VIII.

404. Hochrelief, nach rechts schreitende Figur im bischöflichen Ornate mit einem Buche in der rechten Hand; Bestandtheil der Tympanonskulptur von St. Zeno bei Reichenhall. St. Rupert?

201. Part. I. S. VIII.

405. Hochrelief, nach links schreitende Figur, wie vorhin; ebendaselbst; St. Zeno?

202. Part. I. S. VIII.

406. Halbreliefdarstellung des ersten Sündenfalles; in rechteckigem Felde drei stehende und gerade aus blickende Figuren, links Gott-Vater, in der Mitte Adam, rechts Eva; zur Seite des Hauptportals von St. Zeno bei Reichenhall. — 13. Jahrhundert.

200. Part I. S. VIII.

407. Halbreliefdarstellung in rechteckigem Felde. In der Mitte steht eine weibliche Figur, links ein Engel, beide gerade aus blickend; rechts erscheint das Vordertheil eines Löwen, dessen Rachen durch zwei von rechts her greifende Hände aufgerissen wird. Erlösung? Gegenstück zu voriger Nr. Ebendaselbst.

199. Part. I. S. VIII.

408. Taufstein in der St. Michaelskirche in Altenstadt bei Schongau. — 13. Jahrhundert. — s. J. B. Anderl j., Taf. 13.

179. Part. I. S. VIII.

409. Halbrelief, Halbfigur Christi mit einem geöffneten Buche in der linken Hand und lehrend erhobener rechten, von einer Wolke getragen; in der Pfarrkirche in Oberneuching bei Ebersberg. — Nach 1200?

185. Part. I. S. VIII.

410. Fries, Hochrelief; Rankenwerk mit alternirenden Spiralwindungen, welche figürliche Darstellungen umschließen; links zu äußerst Wolf und Kranich, dann zwei sich um einen Obstkorb balgende menschliche Gestalten, dann drei Thierfiguren, endlich die Verjagung einer männlichen Gestalt durch einen Ritter und einen Geistlichen mit dem Aspergill. — 13. Jahrhundert. — O. N.

19. Part. I. S. VIII.

411. Hochrelief, Bruchstück eines Standbildes; Kopf mit der bischöflichen Mitra bedeckt. hch.: 0,14 m; br.: 0,09 m; tief: 0,10 m. — 13. Jahrhundert. — O. N.

220. Part. I. S. VIII.

412. Sitzbild der Maria mit dem Jesuskinde, welches mitten auf ihrem Schooße, nach vorne blickend, sitzt und die linke Hand auf die der Mutter, die rechte auf das eigene Knie legt; beide sind unbedeckten Hauptes; das Scepter in der rechten

Hand Maria's fehlt. — 13. Jahrhundert. — Original von Holz in der Nieder=
münsterkirche in Regensburg.

121. Part. I. S. VIII.

413. Kreuzesgruppe über dem Hochaltare der Stiftskirche in Wechselburg, früher
über dem Lettner daselbst. — Nach 1250.

— Part. I. S. VII.

414. Steinbildwerk, Halbrelief; über einem Grabe, dessen an die Vorderseite
gelehnte Deckplatte mit zwei Ringen versehen ist, erscheint Christus in halber Figur, nackt,
die beiden Arme am Leibe übereinanderlegend; Messe des h. Gregor? hch.: 0,30 m;
br.: 0,19 m. — Spätere Zeit des 13. Jahrhunderts? — O. N.

191. Part. I. S. VIII.

415. Theil einer Sarkophagwand, Eckstück, mit zwei jonischen, cannelirten Pilastern
und einem flach profilirten Gesimse darüber. — 9. Jahrhundert? — Original in
Kloster Lorsch.

552. Part. r. S. VIII.

416. Halbsäulenfuß, attische Basis, von der Außenseite der Vorhalle des Klosters
Lorsch. — Um 880. — Geschenk der Direktion des großh. Museums in Darmstadt.

553. Part. I. S. VIII.

417. Halbsäulenkapitäl der kompositen Ordnung von der Ostseite der Durchgangs=
halle des Klosters Lorsch. — 9. Jahrhundert. — Geschenk der Direktion des großh.
Museums in Darmstadt.

554. Part. I. S. VIII.

418. Halbsäulenkapitäl, wie vorhin.

555. Part. I. S. VIII.

419. Halbsäulenkapitäl der kompositen Ordnung von der Westseite daselbst. —
9. Jahrhundert. — Geschenk der Direktion des großh. Museums in Darmstadt.

556. Part. I. S. VIII.

420. Theil des Hauptgesimses der Durchgangshalle des Klosters Lorsch; lg.: 0,33 m. —
9. Jahrhundert. — Geschenk der Direktion des großh. Museums in Darmstadt.

557. Part. I. S. VIII.

421. Abschnitt von der architektonischen Ordnung des oberen Geschosses der
Durchgangshalle zu Lorsch; Obertheil eines cannelirten, ionisirenden Pilasters nebst den
Anfängen zweier darauf ruhenden Giebelschenkel. — 9. Jahrhundert. — Geschenk der
Direktion des großh. Museums in Darmstadt.

558. Part. I. S. VIII.

422. Fuß eines Pilasters, zum vorigen Stücke gehörig.

559. Part. I. S. VIII.

423. Pilasterkapitäl, korinthisirende Form mit einer einzigen Reihe von Akanthus=blättern. Im Hofe des Klosters Lorsch ausgegraben. hch.: 0,345 m; br.: 0,29 m; tf.: 0,08 m. — 9. Jahrhundert. — Geschenk der Direktion des großh. Museums in Darmstadt.

560. Part. l. S. VIII.

424. Kämpfergesims von der Bogenstellung des Erdgeschosses der Durchgangs=halle zu Lorsch; karniesförmig. — 9. Jahrhundert. — Geschenk der Direktion des großh. Museums in Darmstadt.

561. Part. l. S. VIII.

425. Abschnitt vom Gurtgesimse an der Durchgangshalle zu Lorsch. — 9. Jahr=hundert. — Geschenk der Direktion des großh. Museums in Darmstadt.

562. Part. r. S. VIII.

426. Kleines Halbsäulenkapitäl; an der Stirnseite zwei Schlangen, welche sich wechselseitig umwinden und die Köpfe gegen die an den Ecken kauernden Affen kehren. — Zweite Hälfte des 12. Jahrhunderts. — Original in der Kirche zu Schwarz=Rheindorf.

154. Part. l. S. VIII.

427. Doublette der vorigen Nummer.

149. Part. l. S. VIII.

428. Mittelsäule der Krypta des Domes in Freising; der Schaft ist völlig bedeckt mit Hochreliefskulpturen, welche menschliche Gestalten im Kampfe mit Thieren und Monstren darstellen. — Nach 1160.

1060. Part. r. S. II.

429. Kapitäl von einer Säule in der Krypta des Domes in Freising, ornamentirt mit Laubgewinde, an den Ecken mit männlichen Halbfiguren; über eine Ecke der Deck=platte ist der Name Liut—perht eingemeißelt. — Nach 1160.

87. Part. l. S. VIII.

430. Skulptur von einer der vier Seiten eines Säulenkapitäls in der Krypta des Domes in Freising; Halbrelief; zwei mit den Hälsen verschlungene Drachen, ihre Köpfe nebst den pfeilförmigen Zungen gegen die an den Ecken unter der Deckplatte angebrachten menschlichen Köpfe richtend. — Nach 1160.

77. Part. l. S. VIII.

431. Desgleichen; Halbreliefbild einer Chimära.

193. Part. r. S. VIII.

432. Skulptur vom Sturzbalken des Hauptportals der Abteikirche St. Zeno bei Reichenhall; Halbrelief; in alternirenden Spiralwindungen geführte Weinranke, welche eine kleine, Beeren pflückende menschliche Figur und zwei Drachen umschließt. — 13. Jahrhundert.

84. Part. l. S. VIII.

433. Einksseitiger Träger (Console) des Sturzes am Hauptportale der Abteikirche St. Zeno bei Reichenhall, mit Halbreliefskulptur: zwei schnäbelnde Tauben (?), zwischen ihnen ein sproßender Strauch, rechts oben ein Ornament, ähnlich einem Apostelkreuze. — 13. Jahrhundert.

194. Part. r. S VIII.

434. Rechtsseitiger Träger des Sturzes ebendaselbst; Relief: zwei die Hälse ver= schlingende und in ihre eigenen Schwänze beißende Drachen; links erhebt eine Schlange Kopf und Leib. — Wie vorhin.

78. Part. l. S. VIII.

435. Kapitäl von Marmor mit frühgothischem, stilifirten Laubwerk am links= seitigen Portal der Abteikirche St. Zeno bei Reichenhall. — Spätzeit des 13. Jahrhunderts.

561. Part. l. S. VIII.

436. Seitenstück zu voriger Nr. von völlig ähnlicher Form.

565. Part. l. S. VIII.

437. Abschnitt des Blattkranzes, welcher das Tympanon des Portals an der Nordseite der St. Michaelskirche in Altenstadt bei Schongau umgibt. — Um 1220? — f. J. B. Anderl jun., Photogr. Aufn. der St. Michaelskirche, Taf. 3, 5 u. 16.

158. Part. l. S. VIII.

438. Abschnitt des äußeren, die Archivolte umgebenden Blattkranzes an demselben Portale. — f. J. B. Anderl j. ebendaf.

147. Part. l. S. VIII.

439. Abschnitt des Ornamentleistens am horizontalen Sturzbalken desselben Portales. — f. J. B. Anderl j. ebendaf.

115. Part. l. S. VIII.

440. Rankenfries auf gebogener Fläche, welche einen Cylinderabschnitt bildet; Theil eines Pfeilerkapitäls? — 12. bis 13. Jahrhundert. — O. N.

141. Part. l. S. VIII.

441. Rundbogenfries, bekrönt mit einem Zahnfries; die 8 Bögen ruhen auf 9 Consolen von der Form menschlicher, thierischer und phantastischer Köpfe. Der Rundbogenfries ist von der Apsis der Kirche in Tolbath bei Ingolstadt entnommen; die Consolen sind Abformungen von ebenda und von der Apsis der Kirche in dem nahegelegenen Weißendorf. — Um 1200. — vgl. Oberbayer. Archiv, Bd. V. 1844. S. 314 ff. Beschreibung der Kirchen in Tollbath und Weissendorf, nebst Abb.

229. Part. l. S. VIII. Ostwand.

442. Wie vorhin.

237. Part. l. S. VIII. Ostwand.

443. Wie vorhin.

151. Part. l. S. VIII. Westwand.

444. Wie vorhin.

258. Part. I. S. VIII. Westwand.

445. Hochrelief, Kopf eines Bären, ein Lamm im Rachen haltend; Console vom Rundbogenfries an der Apsis der Kirche zu Tolbath, nun an der Sakristei einge= mauert. — Gegen \200.

190. Part. I. S. VIII.

446. Hochrelief, jugendlicher männlicher Kopf; ebendaher?

--- Part. I. S. VIII.

447. Hochrelief, ein auf einer Bank sitzender Mann, welcher beide Arme erhebt; zwischen seinen Beinen liegt ein bärtiger Kopf; Console vom Bogenfries an der Apsis der Kirche in Tolbath.

507. Part. I. S. IX.

448. Hochrelief, drei Halbfiguren, in der Mitte der lehrende Christus, beiderseits je ein sich ihm aufmerksam zuwendender Kleriker mit einem Buche in der Hand; Skulptur im Bogenfelde des Portals der Kirche in Tolbath. — Um \200.

47. Part. I. S. VIII.

449. Fuß einer engagirten Säule vom Gewände des Portals der Kirche in Tolbath. — Um \200.

80. Part. I. S. VIII.

450. Hochrelief, männliches Brustbild, Träger eines Gewölbeanfängers, unten in schlichtester Consolenform, die aus zwei kantig zusammenstoßenden convexen Flächen gebildet wird, endigend. In der nordwestlichen Ecke des Innenraumes der Kirche in Weißendorf. — Gegen \200.

595. Part. I. S. IX.

451. Hochrelief, männliches Brustbild, ein niedriges Kapitäl tragend, nach unten in einfacher Consolenform endigend, gleich der vorigen Nr.

582. Part. I. S. IX.

452. Hochrelief, Kopf eines Ungeheuers mit geöffnetem Rachen, Träger eines niedrigen Gesimses, unten in schlichter Consolenform endigend, wie die beiden vorigen Nummern.

60\. Part. I. S. IX.

453. Abschnitt der durch ein schlichtes Flechtwerkornament verzierten Archivolte des Hauptportals der Kirche in Weißendorf bei Ingolstadt. — Gegen \200.

\55. Part. I. S. VIII.

454. Eckzier eines Säulenfußes in Form eines Vogelkopfes; im Innern der Kirche in Weißendorf. — Um \200.

\43. Part. I. S. VIII.

455. Relief, halbkreisförmige Facette eines Würfelkapitäls, das Bild eines Thieres mit zwei Füßen und einem Fischleibe enthaltend; im Innern der Kirche in Weißendorf — Um 1200.

186. Part. I. S. VIII.

456. Desgleichen; Halbfigur eines Klerikers, in der rechten Hand ein Buch haltend, die linke in lehrender Geberde erhebend. — Ebendaselbst.

160. Part. r. S. VIII.

457. Desgleichen; Löwe in Vorderansicht. — Ebendaselbst.

148. Part. I. S. VIII.

458. Desgleichen; zwei sich bäumende Löwen mit einem einzigen Kopfe. — Ebendaselbst.

159. Part. I. S. VIII.

459. Desgleichen; zwei Vögel, sich gegenseitig mit den Schnäbeln in den Rücken pickend. — Ebendaselbst.

161. Part. I. S. VIII.

460. Hochrelief, Halbfigur eines Mönches, welcher in der rechten Hand ein Buch hält, die linke an den nach links geneigten Kopf legt; am Bogenfries der Kirche in Weißendorf eingemauert.

142. Part. I. S. VIII.

461. Halbes Würfelkapitäl mit zierlichem flachen Rankenwerk ornamentirt und mit dem Ansatze des achteckigen Säulenschaftes; von einer engagirten Säule an einem Portalgewände, einer Arkade oder dgl. hch.: 0,21 m; br. (über die Diagonale): 0,28 m; Ausladung: 0,23 m. — 12. bis 13. Jahrhundert. — O. N.

197. Part. I. S. VIII.

462. Hochrelief; eine Seite eines Säulenkapitäls im Kreuzgange der Stiftskirche St. Peter und Alexander in Aschaffenburg, aus Blattranken gebildet. — 13. Jahrhundert.

150. Part. I. S. VIII.

463. Desgleichen; zwei in einander verschlungene Drachen, sich selbst in den Hals beißend. — Ebendaher.

151. Part. I. S. VIII.

464. Desgleichen; Blattrankenmuster. — Ebendaher.

152. Part. I. S. VIII.

465. Kapitäl, kelchförmig mit diamantirten Blattranken. — Um oder nach 1200. — O. N.

86. Part. r. S. VIII.

466. Desgleichen, dem vorigen ähnlich mit Variation des Musters. — O. N.

88. Part. r. S. VIII.

467. Kapität, kelchförmig mit Rankenwerk in Spiralwindungen, deren jede eine Figur umschließt. — 13. Jahrhundert. — O. N.

85. Part. I. S. VIII.

468. Desgleichen; Seitenstück zu vorigem.

89. Part. I. S. VIII.

469. Scheibenförmiger Gewölbschlußstein mit Hochreliefskulptur, bestehend aus vier Drachen, welche die Hälse durch ein kreisförmiges Band schlingen und einander paarweise die Köpfe zukehren; die Schweife endigen in Rankenwerk; den äußeren Rand der Scheibe bildet ein Perlstab. Original im Ostchore der Klosterkirche in Heilsbronn. 1263—1280. — Der Abguß dient als Schlußstein im Scheitel des Kreuzgewölbes dieses Saales. — vgl. Fleischmann und Rotermundt, Bildwerke a. d. Mittelalter. Nürnberg. 1856. Taf. IX.

566. Part. I. S. VIII.

470. Gewölbschlußstein, in Hochrelief ornamentirt mit einer vierblätterigen Rosette, deren Blattumschläge die Form von Thierköpfen besitzen; die Rosette umgibt ein Blattkranz und zu äußerst eine Perlschnur. Original im Ostchor der Klosterkirche in Heilsbronn. — Dient als Schlußstein im Gewölbescheitel dieses Saales.

— Part. I. S. VII.

471. Gewölbschlußstein, in Hochrelief ornamentirt mit einer durch zwei Blatt-kränze gebildeten Rosette. Original im Ostchore der Klosterkirche in Heilsbronn. — Dient als Schlußstein im Gewölbescheitel dieses Saales.

— Part. I. S. IX.

472. Gewölbschlußstein; das Ornament in Hochrelief besteht aus vier ver-schlungenen Drachen, welche von einem diamantirten Randleisten in Kreisform umschlossen werden. — Original im Ostchor der Klosterkirche in Heilsbronn.

863. Part. r. S. I.

473. Scheibenförmige Reliefplatte, Gewölbschlußstein, mit dem Bilde eines in seinem Neste stehenden Adlers, zu dem seine Jungen emporblicken, während er sich mit dem Schnabel in die Brust pickt. Original im Ostchor der Klosterkirche in Heilsbronn.

46. Part. I. S. VIII.

474. Desgleichen mit dem Bilde des auf dem brennenden Scheiterhaufen stehenden Phönix. — Ebendaselbst.

81. Part. I. S. VIII.

475. Gewölbschlußstein, Abguß des Originals im bayer. Nationalmuseum, Nr. 27. Dient als Console am Gewölbeanfange in der nordöstlichen Ecke des Saales.

— Part. I. S. VII.

476. Desgleichen, Abguß des Originals im b. Nationalmuseum, Nr. 30. Dient als Ornament am Gewölbeanfange in der nordwestlichen Ecke des Saales.

— Part. I. S. VII.

477. Desgleichen, Abguß des Originals im bayer. Nationalmuseum, Nr. 40. Dient als Ornament am Gewölbeanfange in der südwestlichen Ecke des Saales.

— Part. I. S. VII.

478. Desgleichen, Abguß des Originals im bayer. Nationalmuseum, Nr. 33. Dient als Ornament am Gewölbeanfang in der südöstlichen Ecke des Saales.

— Part. I. S. VII.

479. Desgleichen, Abguß des Originals im bayer. Nationalmuseum, Nr. 25. Dient als Schlußstein im Gewölbescheitel des Saales.

— Part. I. S. VI.

480. Abschnitt eines mit frühgothischem Blattwerk verzierten Frieses; Halbrelief. Von der Brüstung der nördlichen Empore in der St. Georgskapelle des Schlosses Trausnitz zu Landshut. — 13. Jahrhundert. — Abb. s. bei C. M. von Aretin, Alterthümer und Kstdkm. des bayer. Herrscherhauses. Lief. I.

146. Part. I. S. VIII.

481. Desgleichen mit verwandtem Muster; von der Brüstung der südlichen Empore ebendaselbst.

— Part. I. S. VIII.

482. Hochrelief, männlicher Kopf mit Spitzbart, von einem Säulenkapitäle? hch.: 0,15 m; br.: 0,08 m. — 13. Jahrhundert? — O. N.

221. Part. I. S. VIII.

483. Kleines Halbsäulenkapitäl aus Blattwerk mit diamantirten Rippen gebildet und mit Trauben an den Ecken. hch.: 0,20 m; br. (an der Deckplatte): 0,155 m; tief: 0,08 m; Dchm. am Halsringe: 0,10 m. — 13. Jahrhundert. — O. N.

48. Part. I. S. VIII.

484. Holztafel mit Reliefschnitzerei, Halbfigur der Maria mit dem Jesuskinde, von Heiligen, den Evangelistenzeichen und Engeln umgeben; das Ganze ist von einem schmalen Schriftrande und einem breiteren Ornamentstreifen in Rechtecksform umgeben. — Russisch; 15. bis 17. Jahrhundert. — Original in der fürstlich Wallerstein'schen Sammlung in Maihingen.

966. Part. r. S. II.

485. Abguß eines hölzernen Kreuzes mit Reliefschnitzereien religiösen Charakters an der Vorder- und Rückseite in je 6 architektonisch umrahmten Feldern. — hch.: 0,118 m; Querbalken lg.: 0,072 m; stark: 0,015 m. — Griechische Klosterarbeit. 16. bis 17. Jahrhundert.

250. Part. r. S. I.

II. Schnitzwerke von Elfenbein, Hirschhorn u. s. w.

486. Pyris (Hostienbüchse) von Elfenbein mit Hochreliefschnitzerei, Christus inmitten der Apostel thronend und das Opfer Abraham's. — Römisch; 4. Jahrhundert. — Original in den kgl. Museen in Berlin, s. Beschr. der christl. Bildw., Nr. 427, S. 117 f. und Taf. LXIII.

980. Part. r. S. II.

487. 488. Diptychon des Rufius Probianus, Vicarius Urbis Romae, a. 322 n. Chr. — Original in der kgl. Bibliothek zu Berlin.

915 916. Part. r. S. II.

489. Tafel von dem Diptychon des Consuls Flavius Astyrius, um 449 n. Chr., eingefügt in den Frontaleinband eines Evangeliars aus dem 9. Jahrhundert im Laufe des 14. Jahrhunderts. — Original in der großh. Bibliothek in Darmstadt.

917. Part. r. S. II.

490. 491. Römisches Consulardiptychon im Domschatze zu Halberstadt. — 5. bis 6. Jahrhundert.

919. 920. Part. r. S. II.

492. Eine Tafel vom Diptychon des Fl. Anastasius, Consul im Orient im J. 517 n. Chr. — Original in Berlin.

918. Part. r. S. II.

493. Elfenbeinschnitzerei, Tafel eines römischen Consulardiptychon aus dem 6. Jahrhundert mit angefügten ornamentalen Randleisten aus dem 12. Jahrhundert; Einlage der Vorderdecke eines Evangeliars aus Augsburg, nun in der kgl. Hof- und Staats-Bibliothek in München, Cim. 53.

— Part. I. S. VII.

494. 495. Kirchliches Diptychon, italienische (ravennatische) Arbeit des 6. Jahrhunderts. Original in den kgl. Museen zu Berlin, s. Beschreibung der Bildwerke der christlichen Epoche. Berlin 1888. S. 118 und Taf. LV, 428. 429.

921. 922. Part. r. S. II.

496. Bruchstück eines Elfenbeinfrieses mit der Halbreliefdarstellung eines Zuges römischer Bewaffneter zu Pferde und zu Fuß, an deren Spitze ein unbewaffneter bärtiger Mann reitet. — Spätrömisch? — Original in der Stadtbibliothek zu Trier.

929. Part. r. S. II.

497. Fragment einer Elfenbeinpyris mit Darstellung aus der Kindheit Josephs(?). Italienisch. 6. Jahrhundert? — Original in den kgl. Museen zu Berlin, s. Beschreibung rc. S. 118 u. Taf. LXIII, 430.

926. Part. r. S. II.

10*

498. Elfenbeintafel mit der Hochreliefdarstellung der Ueberführung der h. Kreuzes-reliquie nach Trier. — 5. bis 7. Jahrhundert? — Original im Domschatze zu Trier.

930. Part. r. S. II.

499. Elfenbeintafel, Flügel eines Diptychon mit der Halbrelieffigur des Erzengels Gabriel unter einer Säulenarkade von der Scene der Verkündigung. — Byzantinisch; 7. bis 8. Jahrhundert? — Original im großh. Museum in Darmstadt.

934. Part. r. S. II.

500. Kirchliches Diptychon mit den Figuren Christi und des Apostels Petrus; italienische (?) Arbeit des 9. oder 10. Jahrhunderts. — Original im großh. Museum in Darmstadt.

924. Part. r. S. II.

501. 502. Zwei Stücke eines Elfenbeinfrieses mit Darstellungen aus der Geschichte Joseph's. Halbrelief. — Byzantinisch. 9. oder 10. Jahrhundert? — Original in den kgl. Museen in Berlin, s. Beschreibung d. Bildw. d. christl. Epoche, Nr. 434, 435.

927. 928. Part. r. S. II.

503. Elfenbeinplatte mit Reliefschnitzerei in vertieftem, unten rechteckigem, oben halbkreisförmig geschlossenem Felde; Christus in majestate domini auf prächtigem Throne; zu beiden Seiten seines Hauptes schweben die Brustbilder Mariä und des h. Johannes Bapt., darüber die Brustbilder der Erzengel Michael und Gabriel; alle Figuren sind von griechischen Namensinschriften begleitet. — Byzantinisch; 9. bis 10. Jahrhundert. — Original in der kgl. Bibliothek in Berlin.

953. Part. r. S. II.

504. Große Elfenbeintafel mit Halbreliefschnitzerei in drei Feldern übereinander und zwei seitlichen Randstreifen; im unteren Felde die Kreuzigung Christi, im mittleren die drei Frauen und der Engel am Grabe, im oberen die Himmelfahrt Christi; die beiden Randstreifen zeigen in kleinen rechteckigen Feldern zu unterst einen byzantinischen Portalbau mit geöffnetem Thore, darüber die vier Erzengel, die vier Paradiesesströme und zwei Cherubim. — Byzantinisch oder abendländisch unter byzantinischem Einflusse; 9. bis 11. Jahrhundert. — Original in der kgl. Hof- und Staats-Bibliothek in München, Cim. Nr. 53. — Nach Westwood, Fict. iv., Nr. 298, p. 136, rheinisch-byzantinisch.

945. Part. r. S. II.

505. 506. Vorder- und Rückseite einer Elfenbeintafel, Flügel eines Triptychon; die Vorderseite zeigt in Halbrelief die Gestalt des Erzengels Michael, die Rückseite fünf Rosetten in verschlungenen Kreisen. — Byzantinisch, 10. Jahrhundert. — Original in den kgl. Museen in Berlin, s. Beschreibung der Bildw. d. christl. Epoche, Nr. 437.

931. 932. Part. r. S. II.

507. Elfenbeintafel mit der Reliefdarstellung der Auffindung Jesu durch seine Mutter im Tempel zu Jerusalem. — 10. Jahrhundert. — Original in der kgl. Bibliothek zu Berlin, in einen Buchdeckel eingefügt.

940. Part. r. S. II.

508. Elfenbeinplatte, viereckig, mit der Darstellung des Todes Mariä in Hoch-relief. — Byzantinisch; 10. bis 12. Jahrhundert. — Original in der kgl. Hof- und Staats-Bibliothek in München Cim. 58.

935. Part. r. S. II.

509. Elfenbeintafel, hoch rechteckig: 0,133 m : 0,054 m, mit der Hochrelief-darstellung Christi mit erhobener linken Hand und einem Kreuzstabe in der rechten, unter einer byzantinischen gewölbten Aedikula stehend; über seinem Haupte schwebt die Taube des h. Geistes, in den Ecken die 4 Evangelistenzeichen. — Byzantinisch? 10. bis 12. Jahrhundert. — O. N.

951. Part. r. S. II.

510. Elfenbeintäfelchen, rechteckig, hch.: 0,077 m; br.: 0,043 m, mit der Halb-reliefdarstellung Christi, den Feigenbaum verfluchend. — Byzantinisch, 11. bis 12. Jahr-hundert. — O. N.

938. Part. r. S. II.

511. Die beiden Flügel eines Elfenbeintriptychon, in je drei durch einen Perlstab geschiedenen Feldern sechs Apostelbrustbilder in Halbreliefschnitzerei enthaltend. — Byzantinisch? 11. bis 12. Jahrhundert. — Beide Tafeln sind nebeneinander in den im früheren Laufe des 16. Jahrhunderts angefertigten Frontaleinband eines Evangeliars aus dem 9. Jahrhundert eingefügt. — Original im großh. Museum in Darmstadt.

978. Part. r. S. II.

512. 513. Zwei Flügel eines Triptychon, jedes in drei durch Perlstäbe ge-trennten Feldern übereinander die Brustbilder eines Engels und zweier Heiligen in Halbreliefschnitzerei enthaltend. — Byzantinisch; 11. bis 12. Jahrhundert? — O. N.

960. 961. Part. r. S. II.

514. Elfenbeintafel, viereckig, mit der Darstellung der Halbfigur Mariä mit dem Jesuskinde unter einem byzantinischen Baldachin. — Byzantinisch? 11. bis 12. Jahr-hundert. — O. N.

936. Part. r. S. II.

515. Elfenbeinplatte mit der Reliefdarstellung Mariä und einiger Apostel, alle nach oben blickend; Bruchstück einer Darstellung der Himmelfahrt Christi. — Byzantinisch? 11. bis 12. Jahrhundert. — Original im großh. Mus. in Darmstadt.

950. Part. r. S. II.

516. Elfenbeintafel mit Halbreliefschnitzerei, der Tod Mariä. — Byzantinisch oder abendländische Nachbildung eines byzantinischen Vorbildes? 11. bis 12. Jahr-hundert. — Original im großh. Museum in Darmstadt.

957. Part. r. S. II.

517. Elfenbeinplatte mit Halbreliefdarstellungen aus der Schöpfungsgeschichte bis zum ersten Sündenfall in zwei Reihen von je fünf quadratischen Feldern übereinander, welche durch Ornamentleisten mit mannigfaltigen Mustern getrennt und umrahmt werden. — Abendländisch, 11. bis 12. Jahrhundert. — Original in den kgl. Museen in Berlin, f. Beschr. d. christl. Bildw., Nr. 455, S. 123 u. Taf. LVII.

955. Part. r. S. II.

318. Elfenbeintafel, Rückseite von Nr. 517, mit der Halbreliefdarstellung der Kreuzigung Christi, darunter zwei Engel mit der Ecclesia und Synagoge. — Italienisch? 10. Jahrhundert? — Original ebendaselbst.

956. Part. r. S. II.

319. Elfenbeintafel, viereckig, mit Hochreliefschnitzerei, Christus treibt den bösen Geist eines Besessenen aus. — Deutsch? 10. bis 11. Jahrhundert? — Original im großh. Museum in Darmstadt. — vgl. J. O. Westwood, Fict. ivories, p. 141 (310).

941. Part. r. S. II.

320. Elfenbeintafel mit der Reliefdarstellung der Taufe Christi, Einlage des Frontaleinbandes eines Evangeliars aus Bamberg. Abendländisch. 11. Jahrhundert? — Original in der kgl. Hof= und Staatsbibliothek in München, Cim. Nr. 56. — Abb. f. bei E. Förster, Denkmale Deutscher Baukst., Bildn. u. Malerei, Leipzig 1855, I. ad S. 23 (Bildnerei).

942. Part. r. S. II.

521. Elfenbeintafel mit der Hochreliefdarstellung der Kreuzigung Christi; darunter die drei Frauen am Grabe. — Abendländisch; 11. Jahrhundert? — Original in der kgl. Hof= und Staatsbibliothek in München, Cim. Nr. 60. — Abb. f. E. Förster, Dkm. II. ad S. 1—4 (Bildnerei).

967. Part. r. S. II.

322. Elfenbeintafel mit Hochreliefschnitzerei, Christus mit St. Petrus und St. Eucharius zu beiden Seiten und einem Schriftbande in der linken Hand, welches die Aufschrift Sta. Trev(eris) trägt. — Trierer Arbeit unter byzantinischem Einflusse, 11. Jahrhundert. — Original in der Stadtbibliothek in Trier. — Abb. f. E. aus'm Weerth, Kunst=Dkm. des christl. Mittelalters in d. Rhld., 1857. Taf. LVIII, 6.

943. Part. r. S. II.

523. Elfenbeintäfelchen mit den Hochreliefdarstellungen der Darstellung Christi im Tempel und seiner Taufe im Jordan; an dem nach innen abgeschrägten Rande ist ringsumher die Inschrift in römischer Kapitalform eingeschnitten:

In templu(m) dñs Symeonis fertur ab ulnis Abstersit XPI baptismu(s) crimina mundi.

Deutsch? 11. Jahrhundert. — Original in der Dombibliothek in Trier. f. E. aus'm Weerth, Kstdm. des christl. Mittelalters, III. S. 90 u. Taf. LVIII, 3.

957. Part. r. S. II.

524. Elfenbeintafel mit Hochreliefschnitzerei in drei Feldern, zu oberst Christus im Tempel, von seiner Mutter gesucht, im Mittelfelde die Hochzeit zu Cana, unten die Heilung des Aussätzigen. — Fränkisch? 11. Jahrhundert. — Original in den kgl.

Museen in Berlin, f. Beschreibung der chriftl. Bildwerke, S. 125 Nr. 463 und Taf. LVII.

946. Part. r. S. II.

525. Elfenbeinplatte mit Hochrelieffchnitzerei in zwei Feldern übereinander, oben die Vermehrung der Brode, unten die Hochzeit zu Cana, rings umgeben von einem tiefgeschnittenen Akanthusleiften. — Abendländisch unter byzantinischem Einflusse? 11. Jahrhundert. — O. N.

947. Part. r. S. II.

526. 527. Diptychon von Elfenbein mit Hochreliefdarstellungen; linke Tafel (526) in drei Feldern übereinander je zwei Scenen: Verkündigung und Geburt Chrifti, Verkündigung an die Hirten und Anbetung der hh. drei Könige, Darstellung im Tempel und Taufe Chrifti; rechte Tafel (527) in derselben Weise von unten nach oben: Einzug Chrifti in Jerusalem und Fußwaschung, Kreuzigung und Besuch der Frauen am Grabe, Chriftus in der Vorhölle und seine Himmelfahrt. Jede Tafel ift von einem Akanthus-leiften umgeben. — Deutsch? 11. Jahrhundert. — Original in den kgl. Museen in Berlin, f. Beschr. d. chriftl. Bildwerke, S. 125 Nr. 461. 462 u. Taf. LVIII.

948. 949. Part. r. S. II.

528. Kirchliches Diptychon, beide Tafeln eingefügt in den Frontaleinband eines Evangeliars aus dem 11. Jahrhundert; die erfte zeigt Chriftus in majestate Domini, die andere den Propheten Jefaias in Halbrelieffchnitzerei. — Abendländische Arbeit des 11. bis 12. Jahrhunderts; der Einband rührt aus dem 13. Jahrhundert her. — Original in der großh. Bibliothek in Darmstadt.

923. Part. r. S. II.

529. Elfenbeintafel, hoch rechteckig, 0,066 m : 0,155 m, mit Halbrelieffchnitzerei; auf einem von zwei knieenden Klerikern gehaltenen Tuche ftellt ein Bischof, unbedeckten Hauptes, mit dem Humerale angethan, jederseits von einem Diakon von beträchtlich kleinerer Gestalt miniftrirt; die linksseitige der beiden knieenden Figuren hält in der rechten Hand das Pedum; in den beiden oberen Ecken sind die Evangeliftenzeichen des h. Lukas und des h. Johannes angebracht. — Deutsche (?) Arbeit des 11. bis 12. Jahrhunderts. — O. N.

944. Part. r. S. II.

530. Elfenbeintafel mit der Halbreliefdarftellung des in der zweitheiligen Mandorla thronenden Salvator, umgeben von den Evangeliften nebft ihren Symbolen in vier Feldern, auf deren Trennungsleiften die Worte Lux, Rex, Pax, Lex eingeschnitten sind. — Deutsch; 11. bis 12. Jahrhundert. — Original im großh. Museum in Darmstadt.

971. Part. r. S. II.

531. Elfenbeintafel, hoch rechteckig, 0,17 m : 0,26 m, mit den Hochreliefdarftellungen der Hochzeit zu Cana, der Austreibung der Händler aus dem Tempel und der Heilung des Blinden in drei Feldern unter einander, umgeben von einem breiten Akanthus-leiften. — Abendländisch; 11. bis 12. Jahrhundert. — O. N.

954. Part. r. S. II.

532. Elfenbeintafel mit dem Halbrelief der Ausgießung des h. Geistes. — Byzantinisch? 12. Jahrhundert? — Original in den kgl. Museen in Berlin, s. Beschreibung d. christl. Bildwerke, Nr. 445, S. 121. Abb. Taf. LVI.

938. Parf. r. S. II.

533. Elfenbeintafel, hch.: 0,125 m; br.: 0,102 m, mit der Halbfigur Mariä mit dem Jesuskinde auf dem linken Arme in Flachreliefschnitzerei. — Byzantinisch? 12. Jahrhundert. — O. N.

962. Parf. r. S. II.

534. Elfenbeintafel mit der Hochreliefdarstellung Christi. Byzantinisch? 12. Jahrhundert. Original, dessen Echtheit bezweifelt wird, in den kgl. Museen in Berlin, s. Beschr. der christl. Bildwerke, Nr. 447, Taf. LVI. u. S. 121.

968. Parf. r. S. II.

535. Elfenbeintafel, hoch rechteckig, 0,16 m : 0,115 m, mit Halbreliefschnitzerei, die Geburt Christi darstellend, von einem romanischen Blattleisten umrahmt. — Abendländisch unter byzantinischem Einflusse; 12. Jahrhundert. — O. N.

963 Parf. r. S. II.

536. Elfenbeinplatte, hch.: 0,135 m; br.: 0,125 m, mit Reliefdarstellungen in drei Feldern übereinander, oben das Abendmahl Jesu, darunter die drei Marien am Grabe, zu unterst die Himmelfahrt Christi. — Abendländisch unter byzantinischem Einflusse; 12. Jahrhundert. — O. N.

964. Parf. r. S. II.

537. Elfenbeintafel mit Halbreliefschnitzerei, die 12 Apostel in zwei Reihen übereinander; über den einzelnen Figuren sind deren Namen eingeschnitten. — Deutsch, wohl fränkisch; zweite Hälfte des 12. Jahrhunderts. — Original in den kgl. Museen in Berlin, s. Beschr. der christ. Bildw., Nr. 477, S. 127. Abb. Taf. LVII.

952. Parf. r. S. II.

538. Elfenbeintafel mit Hochreliefschnitzerei in zwei Feldern übereinander, oben die Kreuzigung Christi, unten die Kreuzabnahme und die Grablegung. — Abendländisch in derbem byzantinisirendem Stile; 12. Jahrhundert? — O. N.

959. Parf. r. S. II.

539. Elfenbeintafel, hoch rechteckig, 0,18 m : 0,097 m; in vier durch ornamentirte Stäbe getheilten Feldern die Sitzbilder der vier Kirchenväter. — Abendländisch; 12. Jahrhundert. — O. N.

963. Parf. r. S. II.

540. Vier Elfenbeintäfelchen mit Hochreliefschnitzerei, die Brustbilder einer weiblichen Heiligen und eines heiligen Bischofs, beide eine offene Schriftrolle vor sich haltend; ferner die Synagoge und die Ecclesia in ganzen Figuren, jede unter einer schlichten Rundbogenarkade stehend. — Die vier Täfelchen sind zusammen auf einer Holztafel

mit kräftigem, profilirten Rahmen aufgelegt. — Abendländisch; ⟨2. Jahrhundert. —
O. N.

54⟨. 542. 543. Drei Elfenbeintäfelchen, viereckig, von schmalen Ornament=
leisten umgeben, die Evangelistenzeichen des h. Markus (54⟨), Lukas (542) und Johannes
(543) in Reliefschnitzerei enthaltend, in Gestalt von Halbfiguren der betr. Thiere mit
je vier Flügeln und jede mit den beiden Vorderfüßen, resp. den Klauen ein geöffnetes
Buch vor sich haltend. — Rheinisch? ⟨2. Jahrhundert. — Originale im großh.
Museum in Darmstadt. — s. Westwood, Fict. Iv., p. ⟨45, '65. ⟨⟨4 (32⟨).

544. Verzierung eines Buchdeckels (?), Elfenbeinschnitzerei; Christus in der Mandorla
thronend, umgeben von den 4 Evangelistenzeichen; die Figuren, wie die sie trennenden und
umgebenden Ornamentleisten sind in einzelnen Stücken geschnitten und auf einer unter=
gelegten Holztafel zusammengefügt, welche auf vier mit schlichtem, romanischen Blatt=
werk verzierten Elfenbeinleisten ruht; 0,⟨78 m im Quadrat. — Deutsch? ⟨2. Jahr=
hundert. — O. N.

545. Elfenbeintafel, quer oblong, 0,⟨29 m : 0,078 m, in zwei quadratischen
Feldern nebeneinander die Halbreliefdarstellung der Geburt Christi und seiner Darbringung
im Tempel enthaltend. — Byzantinisch, ⟨⟨. bis ⟨3. Jahrhundert. — O. N.

546. Die vier Evangelistenzeichen in Halbfiguren, jede eine entfaltete Schriftrolle
vor die Brust haltend, in Hochreliefschnitzerei auf je einem viereckigen Elfenbeintäfelchen,
welche zusammen auf einer Holztafel mit kräftigem, profilirten Rahmen aufgelegt sind. —
Italienisch? ⟨2. bis ⟨3. Jahrhundert. — O. N.

547. Elfenbeinplatte, rechteckig, mit der Halbreliefdarstellung des Gekreuzigten
und der Maria und des Johannes zu beiden Seiten. — Abendländisch, gegen ⟨200. —
Original im großh. Museum in Darmstadt.

548. Buchdeckel vom Schlusse des ⟨5. Jahrhunderts mit eingelegter Elfenbein=
tafel, worauf in Hochreliefschnitzerei die Kreuzesgruppe nebst der Ecclesia und der
Synagoge sowie den Evangelistenzeichen in den Ecken dargestellt ist. — Abendländische
Arbeit; gegen ⟨200. — Original im großh. Museum in Darmstadt.

549. Buchdeckel vom ⟨2. bis ⟨3. Jahrhundert mit eingelegter Elfenbeintafel,
welche in Hochreliefschnitzerei die Kreuzesgruppe darbietet. — Abendländisch; ⟨2. bis
⟨3. Jahrhundert. — Original im großh. Museum in Darmstadt.

550. Mittelstück des im 16. Jahrhundert durch Abt Jacob von Heggen erneuerten Frontaleinbandes eines Evangeliars aus dem 10. Jahrhundert; aus neuen und älteren Metallbestandtheilen ist ein säulengetragener Fronton gebildet, welcher neun alte Hochrelief=schnitzereien von Elfenbein umschließt; diese stellen den in der Mandorla thronenden Salvator dar, über ihm die Taube des h. Geistes, unter ihm das Brustbild der Ecclesia, links in ganzer Figur Maria, rechts ebenso Johannes, in den Ecken die 4 Evangelisten=zeichen. — Deutsch? 12. bis 13. Jahrhundert. — Original im großh. Museum in Darmstadt.

972. Part. r. S. II.

551. Fragmentirte Figur des Crucifixus, das Haupt mit einem gravirten Reife bekrönt, die Hüften mit dem Lendenrocke bekleidet; die Arme fehlen vollständig, von den nebeneinander gestellten Füßen die vorderen Theile. — 13. Jahrhundert. — O. N.

997 Part r. S. II.

552. Reliquiar im Domschatze zu Cammin in Pommern; aus geschnitzten Elfenbeinplatten mit Beschläge von vergoldetem Kupfer zusammengesetzt; in der Arbeit völlig gleichartig dem sog. Schmuckkästchen der h. Kunigunde im b. Nationalmuseum, Nr. 286. — 11. bis 12. Jahrhundert?

— Part. I. S. VII.

553. Reliquiarium in Gestalt einer achteckigen Kapelle mit niedrigem Pyramiden=dache, aus geschnitzten und gravirten Elfenbeintheilen zusammengesetzt. — 12. Jahr=hundert. — Original in St. Emmeram in Regensburg.

1039. Part. r. S. II.

554. Reliquienbehälter in Form einer dreigeschoßigen Rundkapelle mit Kegeldach, vergoldet und an den Geschoßwänden und Dachflächen mit Reliefschnitzereien von Elfen=bein belegt; das untere Geschoß zeigt unter Säulenarkaden die Figuren der zwölf Apostel und der h. drei Könige, seine Dachfläche Halbfiguren von Cherubim zwischen Eisenen und hinter Brustwehren, das zweite Geschoß die Figuren der Erzväter und Propheten unter Säulenarkaden, die Dachfläche die vier Evangelistenzeichen zwischen Thürmchen und Eisenen, das oberste Geschoß die Geburt Christi; zu unterst thront Gott-Vater. — Um 1200. — Original im großh. Museum in Darmstadt.

1058. Part. r. S. II.

555. Kästchen mit figürlichen Hochreliefschnitzereien von Elfenbein an den Lang- und Schmalseiten; byzantinisch; 10. bis 12. Jahrhundert? In den Deckel ist eine Elfenbeinplatte eingelegt, deren Rand ein Ornamentfries abendländischen Charakters vom 12. Jahrhundert bildet. — Original im großherzgl. Museum in Darmstadt.

1036. Part. r. S. II.

556. Kästchen, aus Elfenbeinplatten mit Reliefschnitzerei theils ornamentaler, theils figürlicher Art — Thiere und Monstren — zusammengesetzt. — 12. Jahr=

hundert? — Original im Domschatze in Würzburg. — Abb. bei Becker u. Hefner, Kstw. u. Ger., I. Taf. 71 u. S. 88 f. vgl. F. Bock, das h. Köln, Nr. 123. S. 9 f.

1037. Part. r. S. II.

557. Kästchen von Holz mit vier Füßen, sehr flachem, dachförmigen Deckel, Metallbeschläge und Elfenbeineinlagen; die letzteren in Form länglicher Tafeln mit Reliefschnitzerei, vier auf dem Deckel, je zwei an den Langseiten und je eine an den Schmalseiten, zeigen ein Muster von Zirkelschlägen, ornamental gereihte Drachenfiguren, überwiegend jedoch Thierscenen, Kämpfe zwischen Monstren und Drolerien, umgeben von Epheuranken. — Um Mitte des 13. Jahrhunderts. — Original im fürstl. Hohenzollern'schen Museum in Sigmaringen.

1038. Part. r. S. II.

558. Portativaltar in Form einer romanischen Kirchenfaçade mit einem von drei Thürmen überragten mittleren Rundbogen auf Säulen, unter welchem Christus thront, und zwei Seitenflügeln, welche in zwei Bogennischen übereinander jederseits zwei Evangelistenzeichen in Hochreliefschnitzerei enthalten; an den Außenseiten der Flügel steht jederseits eine theilweise verstümmelte Figur eines Gewaffneten. — Um 1200. — Original im großh. Museum in Darmstadt.

1015. Part. r. S. II.

559. Sprenggefäß von Elfenbein mit Reliefschnitzerei: unter fünf rundbogigen Säulenarkaden die thronende Maria mit dem Jesuskinde und die vier Evangelisten. — Gegen Ende des 10. Jahrhunderts? — Original im Domschatze in Mailand. — Abb. f. Mitth. d. k. k. Central=Comm., Jahrg. V. 1860 Taf. IV. ad S. 147. ff.

1017. Part. r. S. II.

560. Sprenggefäß von Elfenbein mit Reliefschnitzerei, Scenen aus dem Leben Jesu in zwei Zonen übereinander. Die Inschrift am unteren Rande nennt einen Kaiser Otto; gewöhnlich auf Otto III., 973 bis 983, bezogen. — Original in der Sammlung Basilewsky, f. Darcel et Basilewsky, Catal. rais., Paris 1874. p. 17 Nr. 56. Pl. XIII.

1018. Part. r. S. II.

561. Sprenggefäß, achteckig, nach unten verjüngt, mit Hochreliefschnitzereien in Elfenbein in zwei Zonen übereinander, welche durch drei silbervergoldete, mit Edelsteinen besetzte Bänder und oben noch durch einen Arabeskenfries eingefaßt sind; in der oberen Zone sind Kaiser Karl d. Gr. und zwei Päpste (?) thronend, fünf Bischöfe und Aebte stehend, in der unteren Zone acht Thore dargestellt, deren jedes von einem Bewaffneten bewacht wird. — Spätzeit des 12. Jahrhunderts. — Original im Domschatze in Aachen.

1019. Part. r. S. II.

562. Sprenggefäß von Elfenbein mit Reliefschnitzerei, fünf Rundbogenarkaden, innerhalb deren die Verkündigung Mariä und die vier Evangelisten dargestellt sind. — Moderne Imitation? Original im Erzbischöfl. Mus. in Lyon. — vgl. Dr.

11*

f. Bock, das Vas lustrale im Domschatze zu Mailand, Mitth. d. k. k. C.-C., V. 1860. S. 147 ff.

1023. Part. r. S. II.

563. Curve des Krummstabes, welchen angeblich Karl d. Gr. vom Papste Leo IV. a. 801 für den h. Utto, ersten Abt des Klosters Metten, erhielt. Unterhalb des Knaufes ist die Inschrift eingeschnitten: Quod Dominus Petro Petrus tibi contulit Utto. — 12. Jahrhundert? mit Metallbeschläge aus dem 15. Jahrhundert. — Original im Kloster Metten.

1004. Part. r. S. II.

564. Curve des Krummstabes des h. Wolfgang in St. Emmeram in Regensburg. Die Krümmung von schwarzem Walroßzahn aus der Zeit Wolfgangs (?), 972—994, ist mit vergoldeten, ciselirten und mit Edelsteinen besetzten Metalltheilen aus dem 14. bis 15. Jahrhundert beschlagen.

1005. Part. r. S. II.

565. Curve eines Krummstabes in der Kirche des ehemaligen Klosters Niedermünster in Regensburg, von Elfenbein geschnitzt. — 13. Jahrhundert.

1007. Part. r. S. II.

566. Hiefhorn von Elfenbein (?), an der oberen und unteren Seite mit einem doppelten Ornamentleisten in Flachreliefschnitzerei verziert; in das Rankenwerk des unteren linksseitigen Leistens sind phantastische Thiergestalten eingefügt; auf dem oberen Doppelleisten sind zwei kämpfende Thiere und weiter rückwärts ein kauernder Drache in Hochrelief ausgeschnitten. — Abendländisch; 12. bis 13. Jahrhundert. — O. M. Geschenk des Herrn Karl Förster, kgl. pr. Hof-Agenten, München.

1003. Part. r. S. II.

567. Schachfigur aus Elfenbein geschnitten, thronende Königin. — Deutsch? 12. Jahrhundert. — Original in den kgl. Museen in Berlin, s. Beschr. d. christl. Bildwerke, Nr. 479, S. 128.

1017. Part. r. S. II.

568. Schachfigur, Thurm, aus Elfenbein geschnitzt, mit Reliefs unter je zwei Arkaden an den Langseiten und je einer Arkade an den Schmalseiten; die ornamentirte Decke wird von liegenden Drachen an den Langseiten flankirt. — 12. bis 13. Jahrhundert. — Original im Germanischen Museum in Nürnberg.

— Part l. S. VII.

569. Schachfigur, Ritter zu Pferde, von Bogenschützen umgeben, aus Hirschhorn geschnitzt. Original im German. Mus. in Nürnberg. — hch.: 0,095 m; tief: 0,06 m; br.: 0,038 m. — 13. bis 14. Jahrhundert.

1059. Part. r. S. II.

570. Schachfigur, König zu Roß, an der Vorderseite von einer Reihe Armbrustschützen umgeben; zur rechten und zur linken Seite hält ein Knappe eine lange Lanze aufrecht empor; an der gerundeten Rückseite stehen Armbrustschützen in drei Reihen übereinander. — hch.: 0,11 m; tf.: 0,075 m; br.: 0,045 m. — 13. bis 14. Jahrhundert. — O. N.

1019. Part. r. S. II.

571. Dambrettstein, aus der Krone eines Hirschgeweihes geschnitten, mit der Hochreliefdarstellung der Versenkung einer Truhe durch Schiffsleute im Wasser (Nibelungenhort?), umgeben von einem Randleisten mit romanischem Blattwerk. — Abendländisch; 12. Jahrhundert. — Original im fürstl. Hohenzollern'schen Museum zu Sigmaringen. — s. von Hefner, Kunstkammer, Taf. 58. — Dr. Lehner, Verz. der Schnitzwerke, 1871. S. 79. Nr. 294.

988. Part. r. S. II.

III. Werke von Metall, Holz und Leder.

572. Tassilokelch im Kloster Kremsmünster. — 2. Hälfte des 8. Jahrhunderts.

1024. Part. r. S. II.

573. Thürflügel von Erz, ursprünglich vergoldet, aus den ehemaligen Haupteingängen der Seitenschiffe des Domes in Augsburg, nun im Westportal des südlichen Seitenschiffes. — Um Mitte des 11. Jahrhunderts?

600. Part. I. S. IX.

574. Einer der menschlichen, bärtigen Köpfe, welche an den Kreuzungsstellen der die Feldertheilung bewirkenden Leisten an den ehernen Thürflügeln des Augsburger Domes als Ornamente angebracht sind. — Um Mitte des 11. Jahrhunderts?

— Part. I. S. VIII.

575. Pontifikalkelch in der Pfarrkirche St. Aposteln in Köln; silbervergoldet. — 1. Hälfte des 13. Jahrhunderts.

1025. Part. r. S. II.

576. Kelch von vergoldetem Silber im Domschatze zu Regensburg. — Um oder nach Mitte des 13. Jahrhunderts.

1027. Part. r. S. II.

577. Corpus eines Crucifixes von Bronze (?), hagerer Körper, das Haupt unbekrönt, mit kurzem Lendenrocke, die Füße nebeneinander ohne Nägel. — 12. bis 13. Jahrhundert. — O. N.

995. Part. r. S. II.

578. Vortragekreuz mit quadratischen, zur Aufnahme von Cabochons durchbohrten Enden; der, in völlig rund gebildeter Figur, aufgeheftete Crucifixus mit unbekröntem Haupte trägt den kurzen Lendenrock; beide Füße ruhen nebeneinander auf dem

Suppedaneum. — Die ornamental gravirte und gebunzte Rückseite zeigt in der Mitte in einer Kreisform das Lamm Gottes mit der Umschrift: Agnus qui occisus est ab origine mundi. — Um 1200. — O. N.

996. Part. r. S. II.

579. Sogenanntes Andreaskreuz im Domschatze in Regensburg; Rückseite mit Filigranschmuck. — 13. Jahrhundert.

998. Part. r. S. II.

580. Processionskreuz in der Niedermünster=Kirche in Regensburg. — Gegen Schluß des 13. Jahrhunderts.

1040. Part. r. S. II.

581. Bruchstück eines Vortrage= oder Altar-Kreuzes, obere Endigung des Kreuzes= stammes; auf einer viereckigen, mit ornamental gravirtem und gestanztem Bleche belegten Platte sind vier Medaillons mit erhaben getriebenen Halbfiguren von Propheten oder Aposteln vierpaßförmig um ein mittleres Medaillon gelegt, welches ebenfalls in getriebener Arbeit eine sitzende Engelsgestalt und den Namen des Evangelisten Mathäus zeigt. — 13. bis 14. Jahrhundert. — O. N.

1012. Part. r. S. II.

582. Fuß zur Aufstellung eines Altarkreuzes, Bronze, in Form eines Thurmes mit drei Geschoßen; die beiden unteren quadratischen werden durch je vier Giebel, das oberste cylindrische durch einen aus durchbrochenem Laubwerk gebildeten Knauf bekrönt; die vier Füße bilden geflügelte Thiergestalten, deren Köpfe abgeschnitten sind. — Um 1200. — Original in der h. Kreuzkirche in Augsburg.

1041. Part. r. S. II.

583. Fuß eines Altarkreuzes, dem vorigen ähnlich, ohne Knauf, mit einer Apsis an jeder Giebelseite des unteren Geschoßes; Drachenfiguren bilden die vier Füße. — Um 1200. — O. N.

1042. Part. r. S. II.

584. Sogenannter Tassiloleuchter im Kloster Kremsmünster. — 11. bis 12. Jahrhundert?

1030. Part. r. S. II.

585. Altarleuchter in Klosterau a./Inn (Bayern). — 12. bis 13. Jahrhundert. — (Lotz, Ksttopogr. II. S. 22; erste Hälfte des 13. Jahrh.)

1031. Part. r. S. II.

586. Leuchter von Bronze in Form eines Löwen mit einem Reiter auf dem Rücken, welcher über seinem Nacken den Schaft nebst Kerzenteller in Form eines Blumen= kelches hält. — 12. bis 13. Jahrhundert. — Original im fürstlich Hohenzollern'schen Museum in Sigmaringen. f. Dr. F. A. Lehner, Verz. d. Metallarbeiten, Nr. 74. Abb. bei von Hefner=Alteneck, die Kunstkammer des Fürsten Carl Anton v. H.=S., Taf. 27. D, E.

— Part. I. S. VII.

587. Altarleuchter mit flachem Kerzenteller, woran drei Drachen emporkriechen, cylindrischem, sich verjüngenden Schafte, welcher mit sechs eichelförmigen Knospen und an seinen Enden mit je einem Knaufe von platter Kugelform besetzt ist; den Fuß bilden drei Drachen, deren hintere Körpertheile in Blattranken endigen, die sich ver-schlingen. — 12. bis 13. Jahrhundert. Höh. vom Fuße bis zum Rande des Kerzen-tellers: 0,298 m. — Original in Privatbesitz, o. N.

1032. Part. r. S. II.

588. Altarleuchter mit viertheiligem Fuße, an dessen Ecken menschliche Figuren, ein aufgeschlagenes Buch auf ihren Knieen haltend, sitzen und welcher in seiner mittleren Höhe von einem Zinnenkranze quadratförmig umgeben ist; der platte Knauf inmitten des kurzen Halses besteht aus durchbrochenem Blattwerk; der weit ausladende Kerzen-teller ist an seinem unteren Theile mit Rankenwerk in erhabener Arbeit, an seinem oberen Rande mit einem gravirten Blattkranze verziert. — 12. bis 13. Jahrhundert. — Original in den kgl. Museen in Berlin.

1033. Part. r. S. II.

589. Altarleuchter mit dreitheiligem Fuße, aus Drachen, nackten menschlichen Figuren, Löwenmasken und Rankenwerk gebildet; der Knauf besteht aus drei Blattranken; an der Unterseite des Kerzentellers kriechen drei Drachen empor. — 12. bis 13. Jahr-hundert. Höh.: 0,15 m. — Original in der Sammlung Dietz in Coblenz.

1034. Part. r. S. II.

590. Altarleuchter mit dreitheiligem, von Drachenfiguren gebildeten Fuße, gewundenem, mit kleinen Drachenfiguren besetzten Schafte, und zwei von durchbrochenem Laubwerk gebildeten Knäufen; an der unteren Fläche des Kerzentellers klimmen drei Drachen empor. — 13. Jahrhundert. — Original in der kgl. Staatssammlung vater-ländischer Alterthümer in Stuttgart.

— Part. I. S. VII.

591. Rauchgefäß von Bronze, in seinen oberen Theilen als romanischer Bau von griechischer Kreuzform mit Eckthürmchen, am unteren Theile polyedrisch gestaltet; der Fuß — am Original vierpaßförmig — ist willkürlich ergänzt. — Um 1200. — Original aus St. Veit in Freising stammend, nun im Diöcesan-Museum daselbst.

1043. Part. r. S. II.

592. Rauchgefäß von der Form eines durch Kreisformen mit erhaben gearbeiteten ornamentalen Füllungen viertheilig gegliederten Knaufes, welcher von einem architek-tonischen Baldachine bekrönt wird. — Um 1200. — O. N.

1044. Part. r. S. II.

593. Rauchfaß von vergoldetem Kupfer, polyedrisch, mit durchbrochen gearbeitetem Laubornament, Maßwerk, Drolerien, Masken u. s. w. — Zweite Hälfte des 13. Jahr-hunderts. — Original in der Kapelle in Menne (Westphalen).

1045. Part. r. S. II.

594. Weihrauchschiffchen, Limousiner Arbeit des 13. Jahrhunderts; Original in der fürstl. Hohenzoll. Sammlung in Sigmaringen. — s. Dr. Lehner, Verz. der Emailwerke. S. 19. Nr. 49.

1050. Part. r. S. II.

595. Sprenggefäß von Bronze mit Reliefdarstellungen in zwei Zonen übereinander; oben: das Brustbild Christi in majestate domini und die stehenden Figuren der zwölf Apostel unter Rundbogenarkaden; unten: die vier Paradiesesströme, die Verkündigung Mariä und einige weitere Figuren. — 12. Jahrhundert. — Original in der Stiftskirche in Berchtesgaden.

1021. Part. r. S. II.

596. Sprenggefäß von vergoldetem und theilweise versilbertem Messing mit Reliefdarstellungen in zwei Zonen, oben die vier Paradiesesströme und die vier Evangelisten, unten berittene Jäger im Kampfe gegen Sphinx, Greif, Löwe und Löwin. — Um 1200. — Original im Domschatze zu Speier.

1022. Part. r. S. II.

597. Sprenggefäß, von Bronze gegossen mit den Reliefgestalten der Apostel in zwei Zonen übereinander, die der oberen Reihe auf Regenbogen in spitzbogigen Arkaden zwischen Cherubim thronend, die der unteren Reihe unter Rundbogenarkaden zwischen Engelsbrustbildern stehend; in der unteren Reihe sind über den Bogenscheiteln und unter den Säulen phantastische Thiergestalten, theilweise im Charakter der Drolerien angebracht. — 12. bis 13. Jahrhundert. — Original im fürstl. Hohenzollern'schen Mus. in Sigmaringen. s. Dr. Lehner, Verz. der Metallarbeiten, Nr. 72 S. 16.

1020. Part. r. S. 11.

598. Aquamanile; Gießgefäß von Bronze in Form eines Kruges, dessen oberer Theil durch einen bärtigen Kopf gebildet wird; auf dem Scheitel desselben ist die runde Oeffnung mit Klappdeckel behufs der Füllung des Kruges, an der Stirne die Ausgußröhre in Form eines Schlangenkopfes angebracht; der Griff hat die Gestalt einer Eidechse. — 13. bis 14. Jahrhundert. — Original in der Stiftskirche in Oberwesel.

1055. Part. r. S. II.

599. Aquamanile, Gießgefäß in Form eines Löwen, in dessen Rachen das Ausflußröhrchen und auf dessen Scheitel die viereckige Eingußöffnung nebst Klappdeckel sich befindet; den Griff bildet eine mit gekrümmtem Rücken den Nacken des Löwen anfallende Eidechse, deren Schweif in Form einer stilisirten Blume auf seinen Hüften ruht. — 13. bis 14. Jahrhundert. — O. N.

1054. Part. r. S. II.

600. Becken von Bronze (?) mit figürlicher Gravirung auf der inneren Bodenfläche, einen Taufakt darstellend; über dem Täufling ist der Name Fridericus Imperator, über der Figur des Taufpathen der Name Otto eingravirt; ein doppelter kreisförmiger Schriftrand, welcher diese Darstellung umgibt, enthält die Inschrift: † Cesar et Augustus hec Ottoni Fridericus munera patrino contulit ille d(e)o. _Quem lavat unda foris hominis memor interioris ut sis q⁰d non es ablue t̄ge q⁰d es. — Zweite Hälfte des 12. Jahrhunderts. Original in Weimar.

1000. Part. r. S. II.

601. Curve eines Krummstabes von vergoldeter und emaillirter Bronze mit der Darstellung der Verkündigung Mariä. — Limousiner Arbeit des 13. Jahrhunderts. — Original im Domschatze in Bamberg.

1006. Part. r. S. II.

602. Curve eines Krummstabes von vergoldetem und emaillirtem Metall mit der Darstellung des Erzengels Michael im Kampfe mit dem Drachen. — Limousiner Arbeit des 13. Jahrhunderts. — O. N.

1008. Part. r. S. II.

603. Die Rotula im Schatze des Klosters Kremsmünster. — Schluß des 12. oder Frühzeit des 13. Jahrhunderts.

1035. Part. r. S. II.

604. Kupferplatte von der Form einer Mandorla mit der getriebenen und ciselirten Relieffigur des auf einem Bogen sitzenden Apostels Petrus. Der Grund und der Saum der Mandorla ist mit eingegrabenen Ornamenten bedeckt, welche zur Aufnahme von Email bestimmt scheinen. — Trierische Arbeit? 12. Jahrhundert? — Original im Domschatze in Trier.

986. Part. r. S. II.

605. Frontaldecke eines Urkundenbehälters, Holztafel mit aufgenieteten vergoldeten, emaillirten und gravirten Metallplatten. Im vertieften Felde ist die Kreuzesgruppe dargestellt; den erhöhten Randleisten schmücken zehn Engelsbrustbilder. Die Köpfe aller Figuren werden durch aufgelegte Reliefstücke gebildet. — Limousiner Arbeit des 13. Jahrhunderts. Ursprünglich wohl ein Buchdeckel. — Original in der Sammlung des Fürsten von Oettingen-Wallerstein.

994. Part. r. S. II.

606. Belegplatte eines Reliquienschreines von Kupfer, emaillirt, vergoldet und ciselirt; dargestellt ist die Kreuzesgruppe; die Figur des Gekreuzigten und die Köpfe Mariä, Johannis und der beiden über den Kreuzesarmen schwebenden Engel bestehen aus aufgenieteten Reliefstücken. — Limousiner Email, 13. Jahrhundert. — Original in der Sammlung des Herrn Ruhl in Köln.

993. Part. r. S. II.

607. 608. Zwei Hälften eines Frieses von kreisförmigen, gereihten Blattranken, welche menschliche, thierische und phantastische Gestalten umschließen. Das Original, von gediegenem Goldblech getrieben, bildet den Bekrönungsleisten der unteren Bogenstellung an der Hauptfaçade der Reliquienschreines des hh. drei Könige im Dome zu Köln. — Beginn des 13. Jahrhunderts.

981. 982. Part. r. S. II.

12

609. Sitzbild eines Apostels unter einer von Säulen mit Würfelkapitälen getragenen Kleeblattarkade. — Das Original von Silber getrieben und vergoldet, theilweise auch emaillirt, befindet sich am Reliquienschreine der hh. drei Könige im Kölner Dome. — Anfang des 13. Jahrhunderts.

1009. Part. r. S. II.

610. König Salomo, Sitzbild von Silber getrieben und vergoldet, am Schrein der hh. drei Könige im Kölner Dome. — Anfang des 13. Jahrhunderts.

1010. Part. r. S. II.

611. Standbild des h. Nabor von der hinteren Schmalseite des Schreines der hh. drei Könige im Kölner Dome. — Anfang des 13. Jahrhunderts.

1011. Part. r. S. II.

612. Theil des Firstkammes am hinteren Giebel des St. Albinus-Schreines aus St. Pantaleon, nunmehr in St. Maria in der Schnurgasse in Köln. — Angefertigt 1186?

983. Part. r. S. II.

613. Theil des Firstkammes an einem Reliquienschreine. — 12. bis 13. Jahrhundert. — O. N.

984. Part. r. S. II.

614. Desgleichen. — O. N.

985 Part. r. S. II.

615. Zierscheibe von Kupfer, durchbrochen gearbeitet und ciselirt, mit Vergoldung und blauem Email; ein breiter Rand mit Pflanzenornament, an der linken Seite segmentförmig ausgeschnitten, umgibt zwei phantastische, von einander abgewendete Thiergestalten, welche in Blattranken verschlungen sind. — Beschlägtheil eines Schreines oder dergl. 13. Jahrhundert. — Original in der fürstl. hohenzoll. Sammlung in Sigmaringen.

992. Part. r. S. II.

616. Platte eines Hostieneisens mit eingeschnittenen Figuren, in der Mitte Christus, ringsum die zwölf Apostel; die architektonische Umrahmung der Figuren hat die Form einer frühgothischen Maßwerks-Rose mit einem inneren und äußeren kreisförmigen Schriftrande. — Französische Arbeit des 13. Jahrhunderts. — Original im Musée de l'hôtel de Cluny in Paris. — s. Annales archéol., t. XIII. 1853.

1013 Part. r. S. II.

617. Desgleichen, mit der vorigen Platte zusammengehörig. Im mittleren kreisförmigen Felde thront Christus in majestate Domini unter einer gothischen Architektur von Kleeblattbögen mit Wimpergen und Fialen; in der das Mittelfeld umgebenden äußeren Zone sind, durch Säulen getrennt, folgende Scenen dargestellt: Verkündigung. Geburt Christi, Taufe, Abendmahl, Kreuzesgruppe, der Engel und die drei Frauen am Grabe. Beide Felder sind von Schrifträndern umgeben.

- - Part. I. S. VII.

618. Siegel der Stadt Trier vom J. 1285.

987. Part. r. S. II.

619. Deckel eines Kästchens von Holz mit abgerundeten Ecken an der Vorder=
seite; die Flachreliefschnitzerei der Oberfläche zeigt den h. Georg im Kampfe mit dem
Drachen, umgeben von Jagdscenen; der äußere senkrechte Rand ist mit einem Perl=
stabe und einem romanischen Blattkranze ringsumher verziert. — Abendländisch;
12. Jahrhundert. — O. N.

999. Part. r. S. II.

620. Bucheinband, Dorsaldecke von gepreßtem und geschlagenem Leder; die
Verzierung bildet ein hochrechteckiges Feld, von einem Blätterfriese und einem schmäleren
Bande umgeben; im Felde verschlingen sich belaubte Aeste in sechs kreisförmigen
Windungen, welche Thiergestalten — Löwe, Adler, Hirsch, Eichhorn ꝛc., umgeben; zu
unterst kauert eine menschliche Figur. Die metallene Rosette in der Mitte und das
Eckbeschläge rühren aus dem 16., die Schließen aus dem 18. Jahrhundert her. hch.:
0,35 m; br.: 0,25 m. — Gegen Ende des 13. Jahrhunderts? — O. N.

295. Part. l. S. VIII.

IV. Inschriftdenkmäler.

621. Gypsabguß des Inschriftsteines am Thurme zu Stauf (zwischen Thalmässing
und Eisolden in Mittelfranken). — lg.: 0,71 m; br.: 0,31—0,34 m. — Die zweizeilige
Inschrift — bis jetzt noch nicht entziffert — scheint aus Runen zu bestehen, welche
roh eingegraben sind. — vgl. Dr. J. G. Hübsch, Geschichte des Marktes Eisolden,
Nürnberg 1868. S. 55 nebst Abbildung im Nachtrag S. 82—84.

868. Part. r. S. I.

622. Gypsabguß der Inschrifttafel von gebranntem, roth und weiß gemustertem
Thon mit eingestempelten Buchstaben und Randornamenten, aus der ehemaligen Kloster=
kirche zu Prüfening bei Regensburg. — hch.: 0,403 m; br.: 0,262 m. -- Die Inschrift
lautet: † Anno · Dn̄i · MCXVIIII. IIII · ID · Mai · Cꞩecratū · E · Hoc · Monasterium · I ·
Honore : S : Geori̅i · A Venerabilib' · Epīs · Ratisp͞onsi · Hartvvico : BB · Ottone · Cu̅nt̄ : In
P̄icipali : Altari : De Ligno : Dn̄i : Reliqe : S : Marie : Aplor : Pet̄i : t Pauli : An̄d : Mathei :
Marc̄i : Ev̄ : Barnabe : S̅ : M̅ : Stephani · P̅ M̅ : Clem̄tis : Dyonisii : Rust̄ic̄i : Eleuther̄i :
La͞vrec̄ii · Vincec̄ii : Sebs : Crisogoni : Panctii : S : C : Ermachore : Fortunati : Salini :
Albini : Fursei : Gundolfi : Drudonis : Juventii : S̅ : V̅ : Genofeve : Grate : Colu̅be :
Glodesindis. — Zwischen 1139 und 1189. s. Allgemeine Ztg. vom 15. Oktober 1886.
II. Beilage. — Geschenk des historischen Vereines von Oberpfalz und Regensburg.

869. Part. r. S. I.

12*

Nachbildungen von Bronze, Eisen, Zink, Blei und Glas.

623. Vortragekreuz, Kreuz und Corpus von Kupfer; neue Nachbildung des sogenannten Kreuzes Karls des Großen im Kloster Andechs. — hch.: 0,246 m; Querbalken lg.: 0,19 m. — 13. Jahrhundert. — f. Sighart, Gesch. der bild. Kste., S. 43. Das in den Sammlungen des b. Nat.-Muf. befindliche Holztafelgemälde mit der Abbildung des Kirchenschatzes von Andechs aus dem Jahre 1497 enthält unter der Darstellung dieses Kreuzes die Legende: „Ein sigcreutz das ist gebracht worden von himmel Keyser Karl von eynem engel davun — er groffen sig gehabt hat." — f. Part. r. S. IX. Nr. 444.

679. Part. r. S. I.

624. Crucifix von Bronze gegossen und cifelirt, Nachbildung eines Originals aus dem 13. Jahrhundert. Der Gekreuzigte, nach dem älteren Typus gebildet, trägt die Königskrone; unter ihm ist am Kreuzesstamme die fleur de lis in Relief angebracht. Das Kreuz ist an der Vorderseite ornamental gravirt, die Kreuzarme endigen kleeblattförmig. — hch.: 0,49 m (ohne den hölzernen Unterfatz); Querbalken lg.: 0,235 m; Figur lg.: 0,185 m; Spannung der Arme: 0,19 m. — O. N.

53. Part. r. S. I.

625. Leuchter, Abguß von Zink, cifelirt und bronzirt. Der dreitheilige, durchbrochene Fuß besteht aus drei an ihren oberen Theilen durch Rankenwerk mit eingeflochtenen Thierformen verbundenen Thierfüßen, auf deren jedem eine Vogelgestalt mit umgewandtem Kopfe fitzt. Der durchbrochene Knauf enthält in feinen drei Abtheilungen je eine Drachengestalt. Der auf einem Blätterkelche ruhende Kerzenteller wird von drei Drachen gestützt. — Das Original gehört dem Ende des 12., oder Anfang des 13. Jahrhunderts an. — hch.: 0,191 m; Dreieckseite am Fuße: 0,135 m. — Aus der Ainmüllerschen Sammlung. f. Hefner, Kstw. II. 1857 S. 24. Dr. J. A. von Hefner-Alteneck, Trachten, Kunstwerke u. Geräthschaften 2c., 2. Aufl. Bd. I. 1879. S. 34 ad Taf. 63.

325. Part. r. S. I.

626. Leuchter, Zinkguß, dunkel bronzirt. Drache mit den Füßen einer Schildkröte; der Schweif in Form einer Blattranke windet fich am Rücken empor und trägt die blumenförmige Kerzenschale nebst Dorn. — hch.: 0,155 m; lg.: 0,123 m; br.: 0,103 m. — 12. bis 13. Jahrhundert. — Das Original befindet fich in der fürstlich Oettingen-

Wallerstein'schen Sammlung in Maihingen. — vgl. Kunst= und kunstgesch. Denkmäler
des german. Muf. XI. fig. 4. — von Hefner, Kunstw. III. 1863. Taf. 60. S. 55. —
Kunstschätze a. d. b. Nationalmuf. Bl. 111.

328. Part. r. S. I.

627. Abguß der byzantinischen Communionsschüffel des Domes zu Halberstadt
(a. 1205 durch Bischof Konrad aus Constantinopel dorthin verbracht). Dchm.: 0,395 m. —
Das Original ist von Silber getrieben und vergoldet; der Abguß von Eisen stammt
aus der gräflich Stolberg'schen faktorei zu Ilsenburg.

732. Part. r. S. I.

628. Kirchlicher Ceremonienstab; Bleiabguß, vergoldet, versilbert und bemalt.
Das Original befand sich ursprünglich in der Reichsabtei Werden und ist von Kupfer
mit Vergoldung, Versilberung und Niellen. — Der gewundene Griff endet in form
einer Eichel und ist mit dem astförmigen Stabe durch einen viereckigen Knauf verbunden;
die Endigung des Stabes besteht aus einem, von einem facettirten Würfelknaufe ausgehenden
Thierkopfe mit geöffnetem Rachen. — lg.: 0,385 m. — 12. bis 13. Jahrhundert. —
Abb. f. von Hefner = Alteneck, Trachten, Kstw. u. Ger., 2. Aufl. Bd. I. Taf. 64
A, B, C; S. 35.

727. Part. r. S. I.

629. Löwenkopf, Relief, aus einer kreisförmigen Platte hervortretend, von einer
0,034 m weiten kreisrunden Oeffnung — zur Aufnahme eines Brunnenrohres? —
durchbrochen; Messingguß, ciselirt. — Dchm.: 0,153 m. — Modern?

734. Part. r. S. I.

630. 631. Romanische Gürtelschließe, aus Haken (Nr. 630) und Schleife (Nr. 631)
bestehend; Bleiabguß; das Original in einem Grabe in Bologna gefunden, ist von
vergoldeter Bronze. Beide Theile sind 0,068 m br. und 0,060 m lg., in gleicher Weise
in form von Thierfiguren und Bandverschlingungen durchbrochen gearbeitet. —
13. Jahrhundert. — Abb. f. von Hefner = Alteneck, Trachten des christl. Mittelalters,
1. Abth. 1840 ff. Taf. 84 H. S. 109 f.

318. 319. Part. r. S. I.

632. Zwei Medaillons mit der Halbrelief=Darstellung der Sonne und des Mondes
als Halbfiguren, welche ihr Antlitz in Trauer verhüllen. — Bleiabguß von einem
Crucifix in der Stiftskirche in Aschaffenburg. — Dchm.: 0,042 m. — 13. Jahrhundert.

718. Part. r. S. I.

633. Bleiabguß eines Dolchknopfes. Kreisförmige Platte mit gezahntem Rande;
auf der einen Seite ist ein Stern, auf der anderen der einköpfige Adler eingestempelt. —
Original in der fürstl. Sammlung zu Sigmaringen. — Diam.: 0,033 m; dick: 0,013 m. —
13. Jahrh.? — Abb. f. v. Hefner, Trachten u. f. w.; 2. Aufl. Bd. II. 1881.
Taf. 101 E—G. S. 15.

724. Part. r. S. I.

634. Glasmosaik, Theil eines Frieses, aus Blumen- und Fruchtgewinden auf Goldgrund mit rothen Randstreifen bestehend. — Original in der Sophienkirche in Constantinopel aus dem 6. Jahrhundert. — hch.: 0,125 m; br.: 0,380 m. — Fabrik Dr. Salviati & Co., Venedig.

97. Part. r. S. I.

635. Glasmosaik, Kaiser Justinian, Bruststück, dem Mosaikbilde im Chore von S. Vitale in Ravenna nachgebildet. — hch.: 0,58 m; br.: 0,50 m. — Gleiche Fabrik.

106. Part. r. S. I.

636. Glasmosaik, Kaiserin Theodora, Bruststück, dem Mosaikbilde im Chore von S. Vitale in Ravenna nachgebildet. — hch.: 0,58 m; br.: 0,50 m. — Gleiche Fabrik.

105. Part. r. S. I.

Inhaltsverzeichniß.

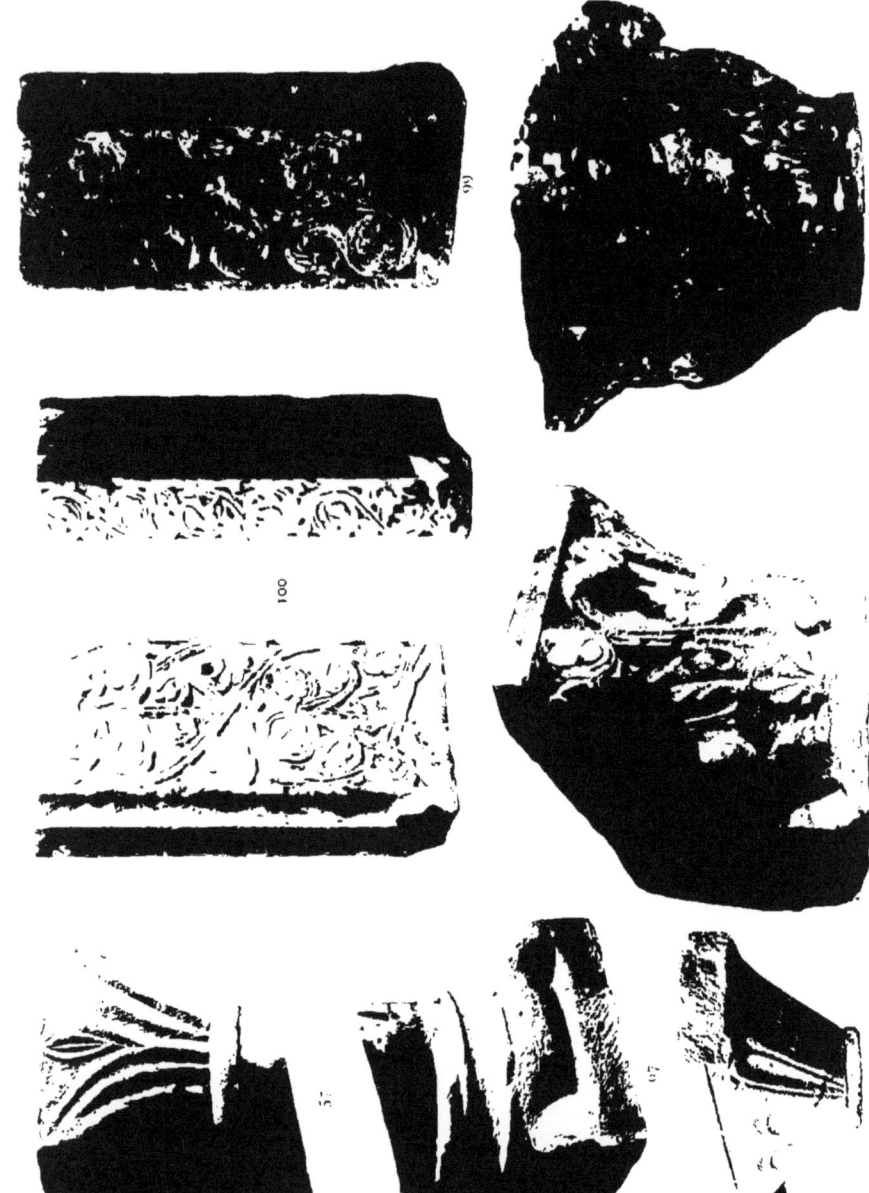

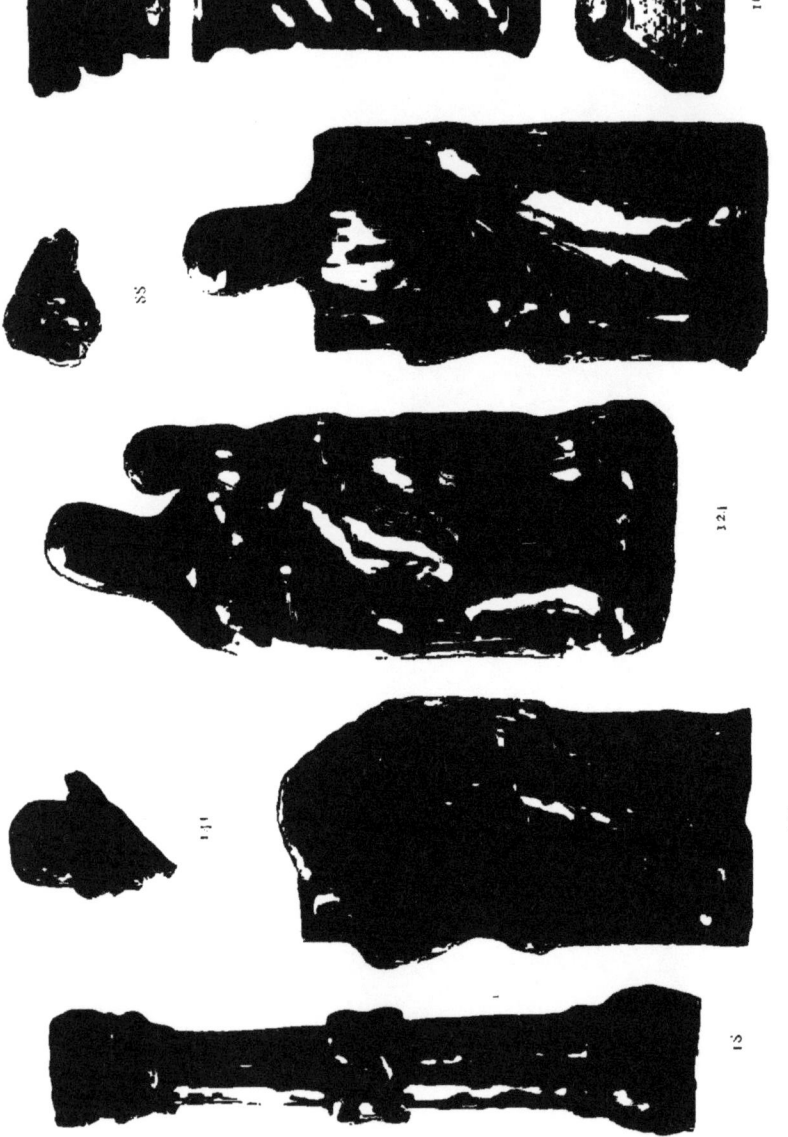

143

146

156

144

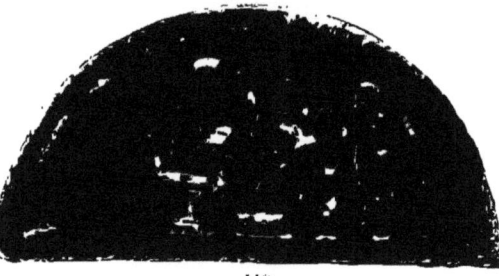

119

142

137

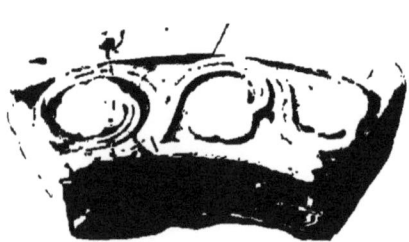

101

44

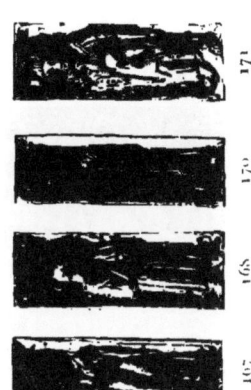

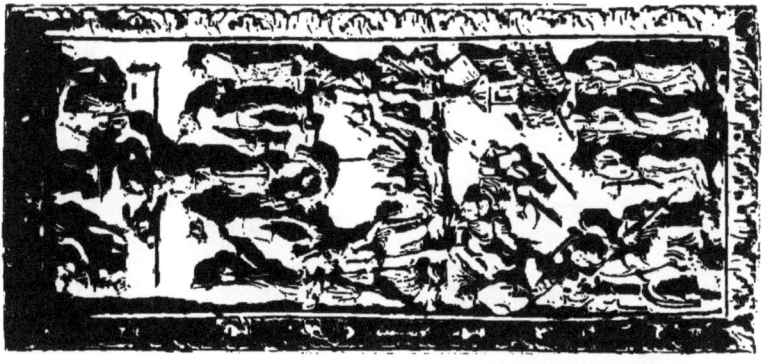

175

172    176   169

171   178    177    166

174

247

262

249

248

263

264

270

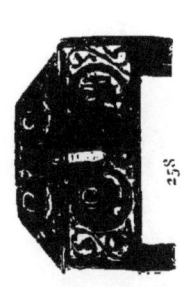

258

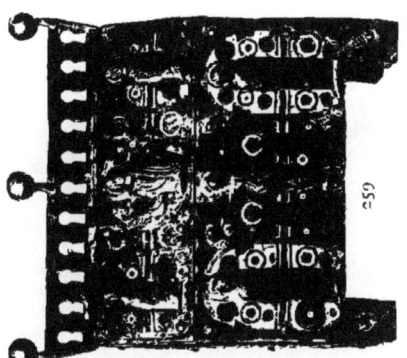

259

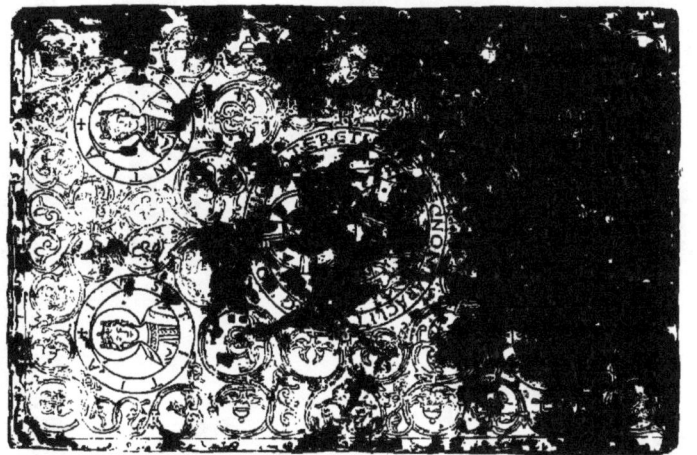

198

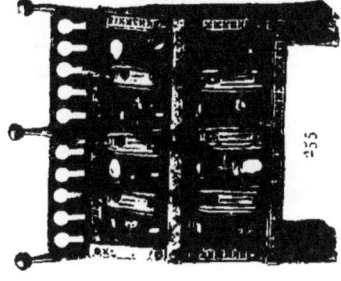

255

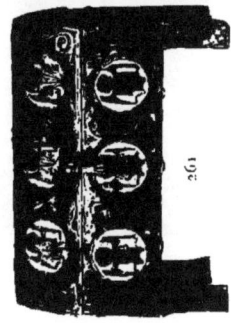

261

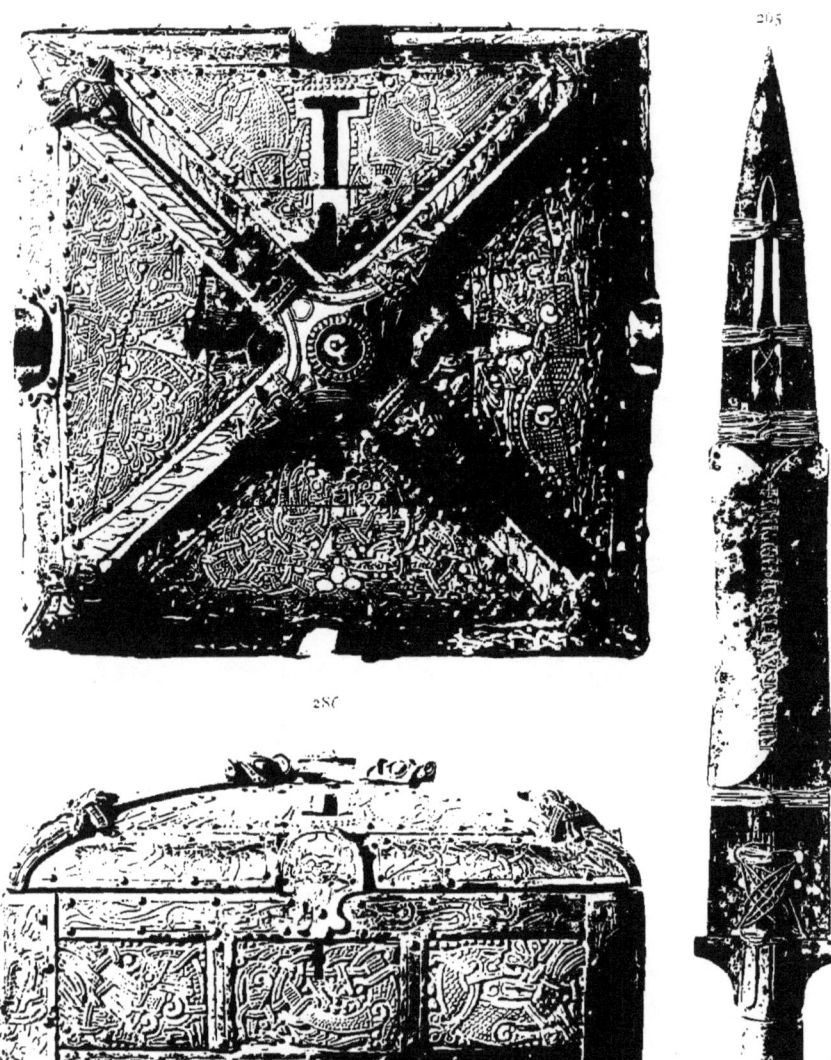

285

286

205

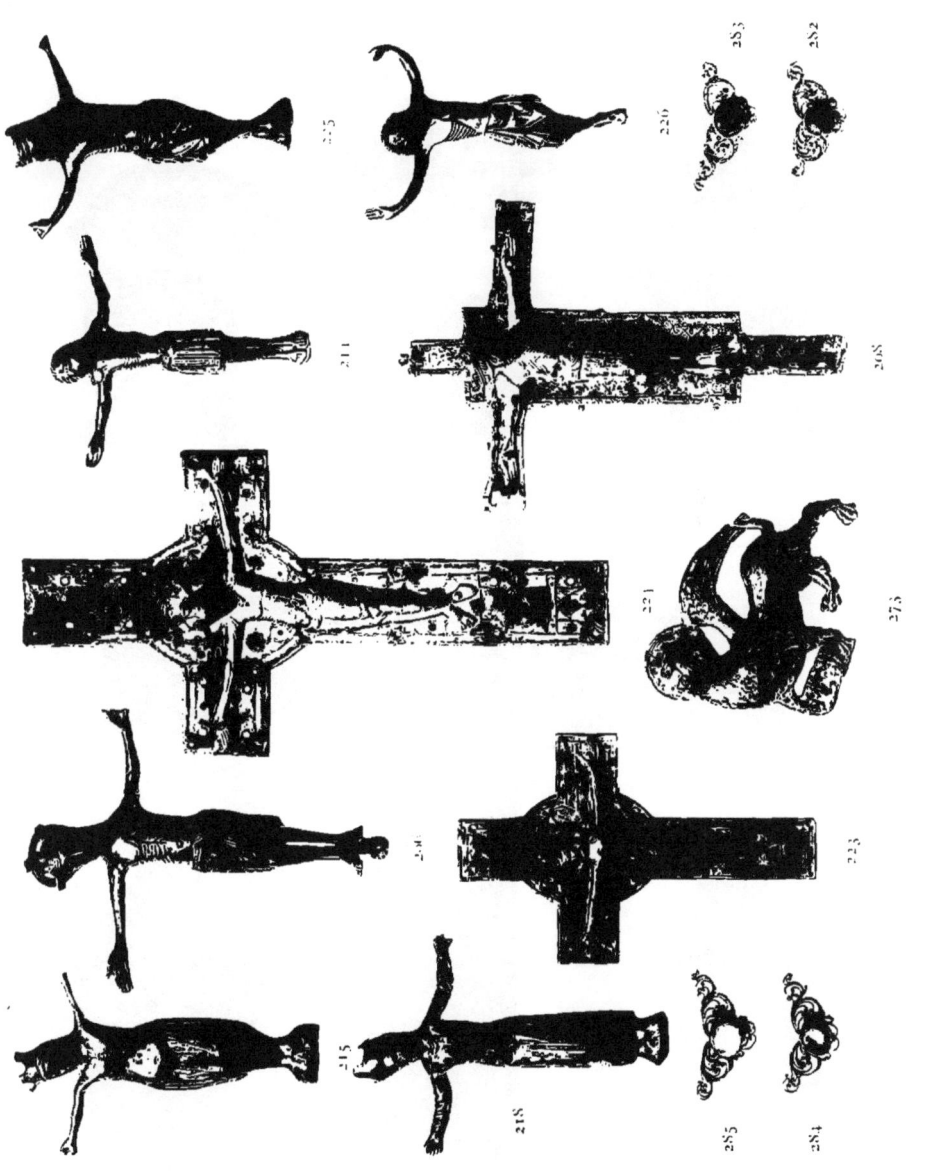

188

191   195

196   197

213

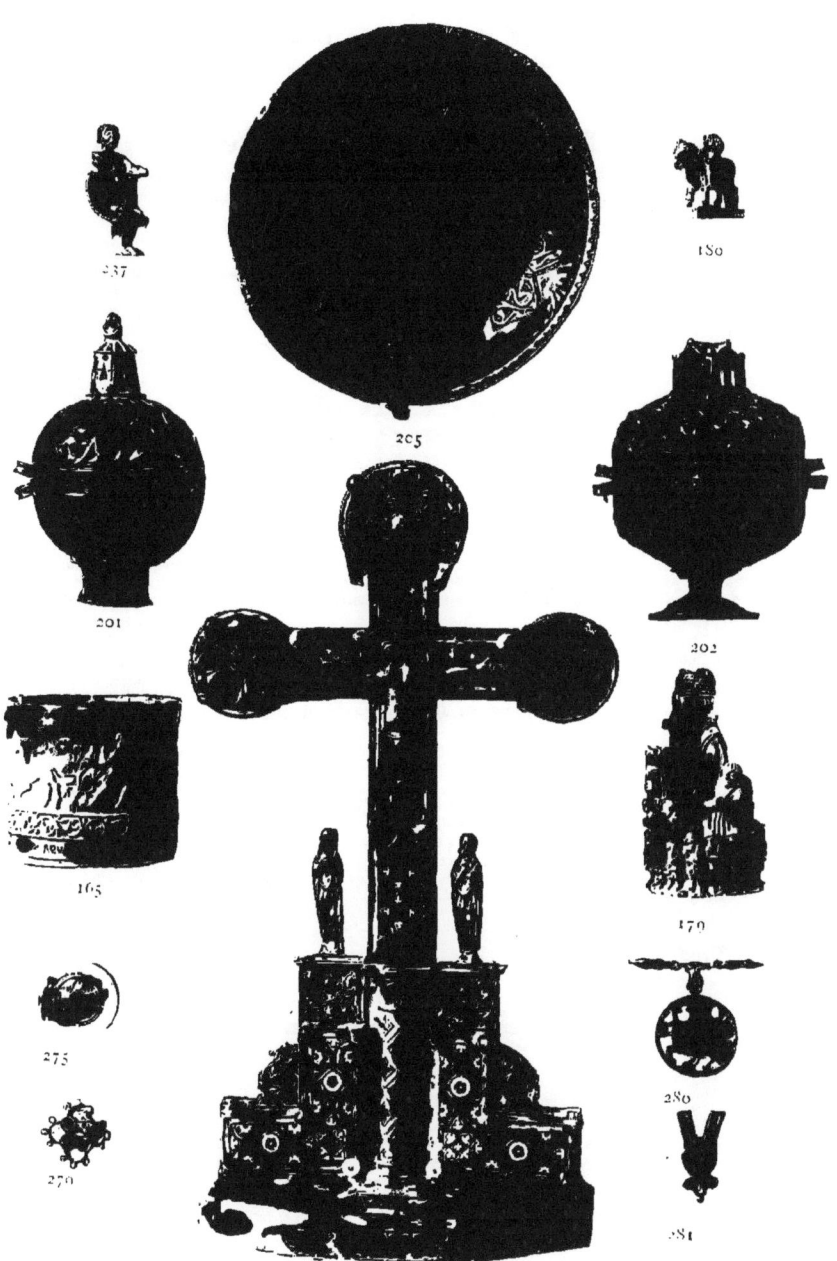

237

180

205

201

202

165

179

275

280

279

281

229